G. Fey

Unternehmenskontrolle und Kapitalmarkt:
Die Aktienrechtsreformen von 1965 und 1998 im Vergleich

Studien zur Ordnungsökonomik

Herausgegeben von

Prof. Dr. Alfred Schüller

Forschungsstelle zum Vergleich
wirtschaftlicher Lenkungssysteme
der Philipps-Universität Marburg

Nr. 25: Unternehmenskontrolle und Kapitalmarkt:
Die Aktienrechtsreformen von 1965 und 1998
im Vergleich

 Lucius & Lucius · Stuttgart · 2000

Unternehmenskontrolle und Kapitalmarkt

Die Aktienrechtsreformen von 1965 und 1998 im Vergleich

Von

Gerrit Fey

 Lucius & Lucius · Stuttgart · 2000

Anschrift des Autors:

Dipl.-Volkswirt Gerrit Fey
Philipps-Universität Marburg
Fachbereich Wirtschaftswissenschaften
Barfüßertor 2
D-35032 Marburg

Die Deutsche Bibliothek - CIP-Einheitsaufnahme

Ein Titeldatensatz für diese Publikation ist bei Der
Deutschen Bibliothek erhältlich

(Studien zur Ordnungsökonomik; 25)

ISBN 3-8282-0140-7

© Lucius & Lucius Verlags-GmbH • Stuttgart • 2000
Gerokstraße 51 • D-70184 Stuttgart

Das Werk einschließlich aller seiner Teile ist urheberrechtlich geschützt. Jede Verwertung außerhalb der engen Grenzen des Urheberrechtsgesetzes ist ohne Zustimmung des Verlages unzulässig und strafbar. Das gilt insbesondere für Vervielfältigungen, Übersetzungen, Mikroverfilmung und die Einspeicherung und Verarbeitung in elektronischen Systemen.

Druck und Einband: ROSCH-BUCH Druckerei GmbH, 96110 Scheßlitz
Printed in Germany

ISBN 3-8282-0140-7

Inhalt

Verzeichnis der Abbildungen und Tabellen V
Verzeichnis der Abkürzungen VI

1. Einleitung 1

2. Wettbewerbsordnung, Kapitalmarkt und Aktienrecht 3
   2.1. Die Bedeutung rechtlicher Normen für die Wettbewerbsordnung 3
   2.2. Wettbewerbsdimensionen des Kapitalmarktes auf dem Gütermarkt 3
      2.2.1. Der Gütermarkt als entscheidende Instanz der
            Knappheitsverringerung 3
      2.2.2. Der Kapitalmarkt im Hinblick auf das Gütermarktgeschehen 4
      2.2.3. Ordnungsbedingtheit der Gütermarkteffizienz des Kapitalmarktes ... 4

3. Die Aktiengesellschaft als Ordnungsproblem 5
   3.1. Property Rights-Struktur der Aktiengesellschaft 5
   3.2. Das Grundproblem der inneren Verfassung 6
      3.2.1. Die Unternehmung als Vertragsgeflecht 6
      3.2.2. Eigner-Manager-Beziehung als Principal-Agent-Verhältnis 6
          3.2.2.1. Das Problem der asymmetrischen Informationsverteilung ... 6
          3.2.2.2. Das Problem der vertraglichen Eigentümerkontrolle 7
   3.3. Der Eigner-Manager-Zielkonflikt 7
      3.3.1. Ausrichtung auf Aktionärsinteressen als Handlungsmaxime 7
      3.3.2. Das Zielsystem des Managements 8
      3.3.3. Die Bedeutung des Zielkonflikts für Wettbewerb und Kapitalmarkt .. 8
   3.4. Alternative Kontrollmechanismen 10
      3.4.1. Reduktion von Agency-Costs als Ziel 10
      3.4.2. Interne Kontrollmechanismen 11
          3.4.2.1. Hauptversammlung als originäres Kontrollorgan der
                Aktionäre 11
          3.4.2.2. Abgeleitete interne Kontrollorgane und ihre Probleme 11
      3.4.3. Marktliche Kontrollmechanismen 12

4. Kontrollfunktionen des Kapitalmarktes 13
   4.1. Grundlage: Aktienkurse als Indikator für Unternehmenseffizienz 13
   4.2. Kontrolle durch den Primärmarkt 14
   4.3. Kontrollwirkungen des Sekundärmarktes: Der Markt für
       Unternehmenskontrolle 15
      4.3.1. Funktionsweise des Marktes für Unternehmenskontrolle 15
          4.3.1.1. Grundsätzliches 15

4.3.1.2. Das feindliche Übernahmeangebot als bevorzugte Technik auf dem Markt für Unternehmenskontrolle 16
4.3.1.3. Effizienzsteigernde Wirkungen des „Market for Corporate Control" 17
4.3.2. Voraussetzungen für das reibungslose Funktionieren des Marktes für Unternehmenskontrolle 18
4.3.3. Empirische Evidenz der These von der Effizienzsteigerung 19
4.3.4. Kritik am Konzept des Marktes für Unternehmenskontrolle 20
4.3.4.1. Theoretische Schwächen, Übernahmemotive, Gewinnquellen 20
4.3.4.2. Negative volkswirtschaftliche Wirkungen? 20
4.3.5. Exkurs: Zur Frage der Regulierung des Marktes für Unternehmenskontrolle 22
4.3.6. Zusammenfassende Beurteilung der Kontrollwirkung des Marktes für Unternehmenskontrolle 23
4.4. Einordnung der Kontrollfunktionen im Hinblick auf die Untersuchung des Aktienrechts 24

5. Die Aktienrechtsreform von 1965 24

5.1. Historische Entwicklung 24
5.2. Primärziel: Einklang mit der Wirtschaftsordnung 25
5.3. Leitlinien der Aktienrechtsreform von 1965 26
5.3.1. Kapitalsammelstellenfunktion der Aktiengesellschaft 26
5.3.1.1. Grundsätzliches Konzept 26
5.3.1.2. Bewertungsfragen und aktienrechtliche Publizität 27
5.3.1.2.1. Stille Reserven und Bewertungsfragen 28
5.3.1.2.2. Aktienrechtliche Publizitätsregelungen 29
5.3.2. Stärkung der Eigentümerstellung in der Unternehmensverfassung 30
5.3.2.1. Zentraler Streitpunkt: Gewinnermittlungs- und Gewinnverteilungsrechte 30
5.3.2.2. Die Regelung 31
5.3.3. Die Kodifizierung eines eigenständigen Konzernrechts 31
5.3.3.1. Grundsätzliche Überlegungen 31
5.3.3.2. Minderheitenschutz im Konzernrecht 32
5.3.3.3. Minderheitenschutz durch Mitteilungspflichten und Anfechtungsrechte 33
5.4. Würdigung der Absichten der Reform von 1965 im Hinblick auf die Unternehmenskontrolle durch den Kapitalmarkt 34

6. Zur Diskussion der Aktienrechtsreform von 1998 in Wissenschaft, Praxis und Politik 35

6.1. Was ist aus den Reformzielen von 1965 geworden? 35
6.1.1. Kapitalsammlung, Streuung des Aktienbesitzes 35
6.1.2. Stabile Eigentümerstrukturen und wechselseitige Beteiligungen 37

6.2. Institutionalisierter Gläubigerschutz als Problem 38
6.2.1. Rechnungslegung 38
6.2.1.1. Rechungslegungspraxis 38
6.2.1.2. Paternalistischer Gläubigerschutz 39
6.2.1.3. Reformanliegen 40
6.2.2. Die Frage des Rückkaufs eigener Aktien 41

6.3. Stimmrechtsbeschränkende Regelungen 42
6.3.1. „One Share-One Vote" als Referenzmaßstab 42
6.3.2. Die Diskussion um die Höchststimmrechte 43
6.3.2.1. Die Position der Kritiker von Höchststimmrechten 43
6.3.2.2. Die Position der Befürworter von Höchststimmrechten 44
6.3.3. Die Frage der Abschaffung 44

6.4. Macht der Banken 45
6.4.1. Die aktienrechtlichen Einflußmöglichkeiten 45
6.4.2. Grundkonflikt: „Schädliche Macht" versus „Bewährter Einfluß" 47
6.4.2.1. „Schädliche Macht" 47
6.4.2.2. Mögliche positive Effekte des Bankeneinflusses: Die These vom „Bewährten Einfluß" 48
6.4.2.2.1. Einschränkung der Machtthese 48
6.4.2.2.2. Bindungscharakter der Kreditbeziehung als positiver Kontrolleinfluß 48
6.4.2.3. Performanceeffekte des Bankeneinflusses 50
6.4.3. Reform des Depotstimmrechts 51
6.4.3.1. Mehrdeutigkeit der gesetzlichen Regelung im AktG von 1965 51
6.4.3.2. Grundsätzliche Positionen zum Depotstimmrecht 51
6.4.3.2.1. Gegner des Depotstimmrechts 51
6.4.3.2.2. Die Einstellung auf Seiten der Banken und in Kreisen der Politiker 53
6.4.3.3. Alternative 1: Für mehr Transparenz? 54
6.4.3.4. Alternative 2: Ersatzlose Streichung? 55
6.4.3.5. Alternative 3: Markt für Stimmrechtsvertreter? 56
6.4.3.5.1. Die beabsichtigte Regelung 56
6.4.3.5.2. Kritik 56

6.4.4. Die Diskussion um den Beteiligungsbesitz 57
6.4.5. Reformvorschläge zur Aufsichtsratstätigkeit von Banken 58
6.4.6. Abschließende Würdigung der Reformvorschläge im Hinblick auf
       die Unternehmenskontrolle durch den Kapitalmarkt 59
6.5. Die Diskussion um den Aufsichtsrat 59
   6.5.1. Die Problemlage 59
      6.5.1.1. Gesetzliche Regelung 59
      6.5.1.2. Die Struktur deutscher Aufsichtsräte 60
      6.5.1.3. Die Aufsichtslücke 61
   6.5.2. Reformdiskussion und Reformvorschläge 61
      6.5.2.1. Reformen der Organisation des Aufsichtsrats 61
      6.5.2.2. Reformen im Verhältnis zu den Wirtschaftsprüfern 63
      6.5.2.3. Veränderungen in der Beziehung zu Öffentlichkeit,
               Aktionären und Hauptversammlung 63
   6.5.3. Würdigung im Hinblick auf die Unternehmenskontrolle durch den
          Kapitalmarkt 65
      6.5.3.1. Allgemeine Beurteilung 65
      6.5.3.2. Das nicht diskutierte Kernproblem der Mitbestimmung 66
6.6. Zusammenfassende Kritik an der Richtung der aktuellen Reformdiskussion 67

**7. Nicht diskutierte Probleme des Aktienrechts als Ausdruck einer teilweise
verfehlten Reformdebatte 68**
7.1. Ausschüttungsregelungen des AktG 68
   7.1.1. Das Problem 68
   7.1.2. Kritik an der Rechtfertigung der derzeitigen Regelung und
          Reformvorschlag 69
7.2. Reformbedarf im Recht der Konzerne 71
   7.2.1. Allgemeine Problematik 71
   7.2.2. Minderheitenschutz bei der Entstehung von Konzernen 72
   7.2.3. Stimmrechtsausschluß von juristischen Personen oder verschärfte
          Haftung? 72

8. Schlußbemerkungen 73

Literatur 74

Verzeichnis der Abbildungen und Tabellen

Tabelle 1: Formen, Motive und Wirkungen externen Wachstums 9
Tabelle 2: Abwehrmaßnahmen im Überblick 19
Tabelle 3: Der Markt für Unternehmenskontrolle im Überblick 23
Abbildung: Leitlinien der Aktienrechtsreform 1965 im Überblick 26
Tabelle 4: Wichtige Kennzahlen der Aktienmärkte im internationalen Vergleich 35
Tabelle 5: Stimmgewicht der Banken (in Prozent der vertretenen Stimmen) 46
Tabelle 6: Stimmgewicht der Großbanken auf ihrer eigenen Hauptversammlung 53
Tabelle 7: Klagevoraussetzungen nach unterschiedlichen Normen 64

Verzeichnis der Abkürzungen

AG(n)	Aktiengesellschaft(en)
AktG	Aktiengesetz
AR	Aufsichtsrat
BDB	Bundesverband deutscher Banken
BDI	Bundesverband der Deutschen Industrie
BMJ	Bundesministerium der Justiz
BVerfGe	Bundesverfassungsgericht
CDU	Chrislich-Demokratische Union (Deutschlands)
CSU	Christlich-Soziale Union (Deutschlands)
DAI	Deutsches Aktieninstitut e. V.
DAX	Deutscher Aktienindex
DIHT	Deutscher Industrie- und Handelstag
EU	Europäische Union
FAZ	Frankfurter Allgemeine Zeitung
FDP	Freie Demokratische Partei (Deutschlands)
GG	Grundgesetz
GmbH	Gesellschaft mit beschränkter Haftung
GoB	Grundsätze ordnungsgemäßer Buchführung
GuV	Gewinn- und Verlustrechnung
HGB	Handelsgesetzbuch
HV(n)	Hauptversammlung(en)
IAS	International Accounting Standard
KonTraG	Gesetz zur Kontrolle und Transparenz im Unternehmensbereich
MFU	Markt für Unternehmenskontrolle
OECD	Organization for Economic Cooperation and Development
PA	Principal-Agent
RefE	Referentenentwurf
RegE	Regierungsentwurf
SPD	Sozialdemokratische Partei Deutschlands
USA	United States of America
US-GAAP	United States - Generally Accepted Accounting Principles
ZBB	Zeitschrift für Bankrecht und Bankwirtschaft

1. Einleitung[*]

Vor dem Hintergrund der Globalisierung der Finanzmärkte kommt der Leistungsfähigkeit der nationalen Kapitalmärkte im internationalen Standortwettbewerb eine immer wichtigere Rolle zu. Für unternehmerische Investitionsvorhaben und die Anlageentscheidungen institutioneller Großanleger ist es in der „globalen" Wirtschaft von ganz entscheidender Bedeutung, inwieweit das eingesetzte Kapital vergleichsweise hohe Renditen abwirft. Diese hängen maßgeblich von den institutionellen Rahmenbedingungen - also der Ordnungspolitik - der betreffenden Volkswirtschaften ab. Das Aktiengesetz (AktG) beeinflußt dabei in vielfältiger Weise die Lenkung der Finanzströme, indem es die Rechte und die Pflichten der an der Aktiengesellschaft (AG) Beteiligten definiert und so das Ziel einer effizienten Arbeitsteilung zwischen Anteilseignern und Management durch Ausnutzung von Spezialisierungsvorteilen auf Finanzierungs- und Leitungsfunktion zu erreichen sucht. Spektakuläre Unternehmenskrisen wie die der Metallgesellschaft AG, die radikale Umstrukturierung eines Großkonzerns wie der Daimler Benz AG und die umstrittene Rolle von Aufsichtsräten und Banken im deutschen System der „Corporate Governance" sowie die allgemeine Klage über die mangelnde „Aktienkultur" in Deutschland haben im letzten Jahrzehnt eine neuerliche Diskussion um das deutsche AktG angeregt. Diese hat mit der Verabschiedung des „Gesetzes zur Kontrolle und Transparenz im Unternehmensbereich" (KonTraG) am 5.3.1998 ihren vorläufigen Abschluß gefunden. Die öffentliche Diskussion und die politischen Ereignisse im Zuge der Krise der Philipp Holzmann AG und der „Übernahmeschlacht" zwischen Vodafone Airtouch und der Mannesmann AG zeigen jedoch, daß das deutsche Aktienwesen noch immer die Gemüter bewegt.

Die vorliegende Arbeit analysiert daher die ordnungspolitischen Grundpositionen der Aktienrechtsreform von 1965 und der letzten Reformdebatte insbesondere im Hinblick darauf, wie sich das AktG auf die Unternehmenskontrolle durch den Kapitalmarkt auswirkt. Unter Unternehmenskontrolle durch den Kapitalmarkt werden nicht nur der Markt für Unternehmenskontrolle, sondern - im Sinne eines dynamischen Effizienzkonzeptes - alle wettbewerblichen Mechanismen verstanden, die dazu angetan sind, „unmittelbar oder mittelbar über Märkte für Beteiligungstitel dezentrale, voneinander unabhängige Entscheidungen über unternehmerische Aktivität [zu] koordinieren" (*Kallfass* 1992a, S. 18).

Dazu wird in Teil 2 zunächst die Rolle des Rechts für eine marktwirtschaftliche Ordnung beleuchtet. Anschließend werden die Wettbewerbswirkungen zwischen Kapitalmärkten und Gütermärkten sowie die Bedeutung des Aktienrechts in diesem Kontext hervorgehoben.

Teil 3 untersucht die volkswirtschaftlichen Vorteile und internen Koordinationsprobleme einer AG, die sich infolge der für sie typischen Trennung von Eigentum und Verfügungsgewalt ergeben können. Daneben sollen unter Zuhilfenahme des Instrumentari-

---

[*] Diese Studie geht auf eine Diplomarbeit zurück, die am Lehrstuhl „Ordnungstheorie und Wirtschaftspolitik" der Philipps-Universität in Marburg (Prof. Dr. Alfred Schüller) geschrieben und für die vorliegende Publikation überarbeitet worden ist.

ums der Principal-Agent-Theorie alternative Kontrollmechanismen für das Verhalten der beauftragten Manager und deren Verhältnis zum Aktienrecht untersucht werden.

Teil 4 stellt die unterschiedlichen Kontroll- und Disziplinierungswirkungen, die vom Kapitalmarkt auf das Management einer AG ausgehen, dar. Dabei liegt der Schwerpunkt bei den Funktionen und Effekten des Marktes für Unternehmenskontrolle.

Nach einer kurzen Zusammenfassung möglicher Ansatzpunkte für die Untersuchung des Aktienrechts wird in Teil 4 die Reformdebatte des AktG von 1965 dargestellt. Den Schwerpunkt bilden hierbei die für die Unternehmenskontrolle durch den Kapitalmarkt wichtigen Regelungen. Einige Normen, deren Ausgestaltung auch heute wieder Ansatzpunkte für die Reformdebatte bietet oder den gleichen Argumentationen unterliegt, werden dabei weitgehend ausgespart und in den Teilen 6 und 7 wieder aufgegriffen.

Nachdem die Absichten der Reform von 1965 zusammengefaßt und bewertet worden sind, widmet sich Teil 6 ausführlich der jetzigen Reformdiskussion. Dazu erfolgt zunächst eine kurze Bestandsaufnahme des deutschen Aktienwesens mit Bezugnahme auf vorrangige Reformziele der Aktienrechtsreform von 1965. Danach werden aktuelle Reformfragen dargelegt. Neben Fragen des Gläubigerschutzes, der Aufsichtsratstätigkeit und der Stimmrechtsbeschränkung wird der Schwerpunkt auf der Debatte um die „Macht der Banken" liegen.

Teil 7 soll anhand nicht oder nicht öffentlich diskutierter Problemfelder zeigen, welche Änderungen für eine wettbewerbskonforme Ausrichtung des AktG zusätzlich zu überlegen wären, bevor Teil 8 das Schlußwort bildet.

Der Schwerpunkt der Diskussion um die (vermeintliche) Kontrollschwäche des deutschen Kapitalmarktes wird auf den aktienrechtlichen Regelungen und den dazu in einem Sachzusammenhang stehenden Vorschriften[1] liegen. Fragen, die z. B. im Zusammenhang mit dem deutschen System der betrieblichen und staatlichen Altersvorsorge[2] oder steuerlichen und kartellrechtlichen Bedingungen bezüglich der Kapitalmarkteffizienz bedeutsam sind, können nicht oder nur am Rande angesprochen werden, obwohl sie zu einer Beurteilung der Effizienz deutscher Kapitalmärkte im Hinblick auf Wettbewerbswirkungen und Unternehmenskontrolle eine erhebliche Rolle spielen. Ähnliches gilt für die Debatte um die mangelnde Risikokapitalversorgung kleinerer oder junger deutscher Unternehmen durch den Kapitalmarkt, weil zum einen dazu (wesentliche) aktienrechtliche Deregulierungen schon mit dem „Gesetz über die Kleine AG" vom 02.08.1994 erfolgt sind[3] und zum anderen derzeit die Diskussion in diesem Bereich eher auf steuerrechtliche Fragen und Aspekte der Börsenorganisation beschränkt ist.

---

1 Dies betrifft vor allem noch das Mitbestimmungsgesetz 1976 und das HGB.
2 Dazu beispielsweise *Nick* (1991, S. 875); *Kübler* (1994, S. 143).
3 Zu den Fragen und Erfolgen des „Gesetzes über die Kleine AG" siehe *Priester* (1996); *Blanke* (1994); *Hahn* (1994).

2. Wettbewerbsordnung, Kapitalmarkt und Aktienrecht

Will man sich mit den Kontrollwirkungen beschäftigen, die vom Aktienrecht auf den Kapitalmarkt ausgehen, so ist es zunächst angebracht, sich die Beziehung des Rechts zu Eigentum, Markt und Wettbewerb vor Augen zu führen.

2.1. Die Bedeutung rechtlicher Normen für die Wettbewerbsordnung

Für das Denken von *Franz Böhm, Walter Eucken* und *Friedrich August von Hayek* ist ein Leitbild zentral: Die Entfaltung der menschlichen Freiheit in der Wettbewerbsordnung. In dieser werden die Pläne privatautonom und dezentral erstellt, über Märkte koordiniert und durch den Wettbewerb kontrolliert. Dabei wird in der arbeitsteiligen Produktion verstreutes Wissen für den Einzelnen nutzbar gemacht[4]. In einer solchen Ordnung entfaltet sich das Wirtschaftsgeschehen spontan. Das Ergebnis privatautonomen Handelns muß dabei allerdings nicht notwendigerweise wettbewerbskonform sein. Besonders die Entstehung privater und damit auch wirtschaftlicher Macht kann die Ordnung selbst gefährden, da zum einen die Marktkontrolle in ihrer Funktionsfähigkeit gestört und zum anderen die gegenseitige Unabhängigkeit von Staat und Wirtschaft in Frage gestellt werden kann (*Eucken* 1990, S. 177ff.). Deshalb ist der Wettbewerb als das „großartigste Entmachtungsinstrument der Geschichte" (*Franz Böhm*, zitiert nach *Schlecht* 1995, S. 9) wie ein öffentliches Gut zu sichern. Um den Prozeß der wettbewerblichen Marktkoordination unter Ausschluß wirtschaftlicher Macht[5] zu ermöglichen, bedarf es eines rechtlichen Rahmens, der den Wettbewerb als freiheitsstiftende Institution konstituiert und dauerhaft garantiert. Damit wird eine auf andere Weise nicht erreichbare Nutzung neuen Wissens und die nachhaltige Knappheitsminderung ermöglicht[6].

2.2. Wettbewerbsdimensionen des Kapitalmarktes auf dem Gütermarkt

2.2.1. Der Gütermarkt als entscheidende Instanz der Knappheitsverringerung

Damit ein Unternehmen im Wettbewerb bestehen kann, muß es zunächst auf den Gütermärkten erfolgreich sein. Da aber auf allen Märkten Unsicherheit über die Zukunft herrscht, hängen die Erfolge im Wettbewerb nicht nur von allgemeinen Anstrengungen, sondern in ganz entscheidendem Maße von den Einschätzungen der Zukunft seitens des Unternehmers ab. Die Wünsche der Verbraucher, die Reaktionen, Aktionen und Strate-

---

4   Zum Aspekt der Wissensteilung *von Hayek* (1945).

5   Für das weitere Vorgehen wird Marktmacht mit Wettbewerbsbeschränkung gleichgesetzt, unabhängig davon, von wem sie ausgeht. Zur Frage, ob staatliche oder private Wettbewerbsbeschränkungen bedeutsamer sind und in welchen Fällen Marktmacht nicht zwingend ordnungswidrig ist, siehe *Woll* (1989, S. 90-94).

6   Für die hier nicht behandelte Interdependenz von Ordnungen heißt es aber umgekehrt auch, daß das Recht erst seine Wirkung aus der Wirtschaftsordnung erfährt, d. h. Wettbewerb und staatliches Handeln bedingen sich gegenseitig (siehe dazu *Eucken* 1990, S. 180ff.; *Mestmäcker* 1964, S. 112).

gien der Konkurrenten und die Entwicklung von Rahmendaten und Preisen richtig vorauszusehen, ist der entscheidende Erfolgsfaktor. Der Wettbewerb ist hierfür das „Entdeckungsverfahren", das um so effizienter in der Nutzung vorhandenen Wissens und offener für Neuentdeckungen ist, je weniger die Marktstrukturen vermachtet sind.

Nun stehen aber die Gütermärkte in vielfältiger interdependenter Beziehung zu anderen Märkten, insbesondere zum Kapitalmarkt. Wettbewerbsfeindliche Entwicklungen auf den Gütermärkten können deshalb auch vom Kapitalmarktgeschehen ausgehen.

2.2.2. Der Kapitalmarkt im Hinblick auf das Gütermarktgeschehen

Unter Kapitalmarkt wird hier im engeren Sinne der Markt für Beteiligungstitel, also der Aktienmarkt verstanden[7]. Er teilt sich in einen Primärmarkt, auf dem Wertpapiere neu emittiert und einen Sekundärmarkt, auf dem bestehende Aktien gehandelt werden. Auf dem Kapitalmarkt werden die verfügbaren und anlagebereiten Mittel einer Volkswirtschaft unter Berücksichtigung der jeweiligen Risiken in bestimmte Verwendungen gelenkt. Führt diese so hergestellte Verknüpfung von Sparen und Investieren zur bestmöglichen zeitlichen und räumlichen Verwendungsstruktur, wird von *funktionaler Effizienz*[8] des Kapitalmarktes gesprochen. Eine umfassendere Perspektive betont die dynamischen Aspekte, die das Kapitalmarkt- auf das Gütermarktgeschehen entfaltet - die Gewährleistung der Gründungs- und Entwicklungsdynamik, die Sicherung der Zahlungs- und Überlebensfähigkeit der Unternehmen und die laufende Bewertung unternehmerischen Handelns und damit der Leistungsfähigkeit der Unternehmensleitungen im Wettbewerb (*Schüller* 1997, S. 181f.). In diesem Zusammenhang interessiert vor allem „[die] präventive Reallokation der Ressourcen zwischen stagnierenden [...] Wirtschaftszweigen einerseits und innovativen und expandierenden Firmen und Branchen andererseits" (Ebenda).

2.2.3. Ordnungsbedingtheit der Gütermarkteffizienz des Kapitalmarktes

Diese *dynamische* Gütermarkteffizienz des Kapitalmarktes hängt von den Ordnungsbedingungen ab. An erster Stelle ist hier die Ausgestaltung der Eigentumsordnung als konstitutives Element der Marktwirtschaft und Funktionsvoraussetzung effizienter Kapitalmärkte zu nennen. Diesbezüglich vermittelt die Property Rights-Theorie vertiefte

---

7 In weiteren Definitionen umfaßt der Kapitalmarkt auch Beteiligungsverhältnisse auf Leihbasis, also Kreditbeziehungen, sowie Märkte für festverzinsliche Wertpapiere (*Häuser* 1995; *Tuchtfeldt* 1978, S. 432ff.) Für den hier behandelten Zusammenhang erweist sich allerdings die Definition des Kapitalmarktes als Markt für Aktien als zweckmäßiger.

8 Zu den verschiedenen Effizienzbegriffen bezüglich des Kapitalmarktes siehe *Horn* (1994, S. 14ff.). Funktionale Effizienz ist nicht mit statischer oder Informationseffizienz gleichzusetzen. Werden Informationen sofort ohne jegliche Transaktionskosten richtig in die Kurse umgesetzt, dann ist ein Kapitalmarkt statisch effizient oder vollständig informationseffizient. Es kann allerdings kein wettbewerblicher Suchprozeß mehr stattfinden, da alle Anreize, in neues Wissen zu investieren und daraus Gewinne zu erzielen, eliminiert worden sind. Unsicherheit existiert nicht mehr (*Schüller* 1997, S. 180f.; *Horn* 1994, S. 16). Vgl. dazu auch Kapitel 4.1.

Einsichten[9]: Auf mikroökonomischer Ebene bestehen die handlungsrechtlichen Funktionen des Eigentums darin, individuelle Entscheidungsfreiheit, Handlungsmotivation, Anreize zur Risikoübernahme und geeignete Sanktions- oder Haftungsregelungen zu ermöglichen und sicherzustellen. Weil sich die Eigentumsrechte zudem vorwiegend auf Bestandsgüter beziehen, sollte die Struktur der Handlungsrechte das Interesse der Wirtschaftssubjekte an einer fortwährenden Umdisposition der Bestände im Sinne eines effizienteren sachlichen, räumlichen und zeitlichen Aufbaus des Produktionsprozesses motivieren (*Helmstädter* 1991, S. 235ff., 241ff.). Diese Handlungsrechtsstruktur ist aber wiederum in hohem Grade von der Ausgestaltung der äußeren Ordnung des gesetzten Rechts, in dem hier interessierenden Zusammenhang insbesondere dem AktG abhängig. Es stellt sich daher vor allem die Frage, ob das Aktienrecht die Handlungs- und Verfügungsrechte der Anteilseigner einer AG durch Beeinflussung der Wissens-, Wollens-, Dürfens- und Verantwortungsdimension (vgl. dazu *Schüller* 1997, S. 178ff.) des Kapitalmarktes so ordnet, daß die *dynamischen* Wettbewerbseffekte günstig beeinflußt werden.

3. Die Aktiengesellschaft als Ordnungsproblem

3.1. Property Rights-Struktur der Aktiengesellschaft

Bevor auf die konkrete Gestaltung des AktG eingegangen wird, ist es sinnvoll, den äußeren Ordnungszusammenhang der AG zu erläutern.

Aus Sicht der Property Rights-Theorie ist die AG als eine Form der Organisation ökonomischer Aktivitäten dadurch gekennzeichnet, „daß die Aktionäre einen Teil der mit dem Eigentum an ökonomischen Ressourcen verbundenen Verfügungsrechte an fest angestellte Manager übertragen" (*Flassak* 1995, S. 46). Die ökonomische Logik und Wahl einer solchen Rechtskonstruktion ist einfach aus dem Umstand zu erklären, daß die Aktionäre die Anlage in Aktien anderen Anlagealternativen vorziehen (*Wagner* 1988, S. 212) und darin einen komparativen (Gewinn-)Vorteil sehen, obwohl dieser den Charakter eines Residuums hat[10]. Durch die Fungibilität der Anteile, die den jederzeitigen Wechsel der Anlageform nach dem privaten Nutzenkalkül erlaubt, ist gleichzeitig die Entlastung der Aktionäre von aktiver Teilnahme an der Unternehmensleitung sichergestellt (*Herkenroth* 1994, S. 307). Die Aktiengesellschaft ist insofern nur Ausdruck der Arbeits- oder Wissensteilung im Sinne einer Spezialisierung nach den komparativen (Kosten-)Vorteilen bei Aktionären und Managern: Entscheidungsfindung und Unternehmensleitung liegen in den Händen des Managements. Entscheidungskontrolle und Vermögens- und Gewinnrechte verbleiben grundsätzlich den Aktionären.

---

9   Als Property Rights werden allgemein Handlungs- und Verfügungsrechte am Eigentum bezeichnet. Siehe hierzu *Schüller* (1983, S. VIII).

10 So geht der einzelne Aktionär davon aus, durch die Delegation von Verfügungsrechten unter Vorbehalt des Anspruchs auf das eventuell entstehende Residualeinkommen (Gewinn) vom Spezialisierungsvorteil professioneller Manager beim Verfolgen eines wirtschaftlichen Zwecks zu profitieren und so das eigene Nutzenniveau zu steigern (*Picot* und *Dietl* 1993, 309ff.).

3.2. Das Grundproblem der inneren Verfassung

3.2.1. Die Unternehmung als Vertragsgeflecht

Die an sich vorteilhafte Funktionenteilung zwischen rechtlichem Eigentum und tatsächlicher Verfügung kann aber wiederum Quelle von Ineffizienzen sein, die sich aus dem Verhalten der am Unternehmen beteiligten Personen oder Personengruppen ergeben (*Kallfass* 1992a, S. 54f.). Analysiert werden diese Probleme von der modernen Unternehmenstheorie. Sie begreift das Unternehmen als Vertragsgeflecht[11]. Von der Gestaltung dieser Vertragsbeziehungen zwischen den Bezugsgruppen des Unternehmens hängt es ab, wie die Gewinne der AG aufgeteilt, wie das Verhalten der Akteure im Unternehmen kontrolliert (*Jensen* und *Meckling* 1976, S. 307ff.) und wie die knappen Ressourcen koordiniert und den veschiedenen Verwendungen zugeordnet werden.

3.2.2. Eigner-Manager-Beziehung als Principal-Agent-Verhältnis

Die Schwierigkeiten bei der Gestaltung der Vertragsbeziehungen behandelt die Principal-Agent-Theorie[12]. Principal-Agent-Beziehungen sind vertragliche Verhältnisse „[...] bei denen eine [...] als Prinzipal bezeichnete Person oder Personengruppe eine andere als Vertreter bezeichnete Person oder Gruppe beauftragt, für sie tätig zu werden" (*Kallfass* 1992b, S. 278). Faßt man so die Beziehung zwischen Aktionär und beauftragtem Vorstand als Principal-Agent-Problem auf, stellt sich die Frage, inwieweit der Aktionär überhaupt in der Lage sein kann, den „richtigen" Vorstand auszuwählen, sein Verhalten zu beobachten und zu beurteilen sowie dementsprechend den Vertrag mit dem Management so zu gestalten, daß aus der Arbeitsteilung das herauskommt, was er davon erwartet.

3.2.2.1. Das Problem der asymmetrischen Informationsverteilung[13]

Zentrales Problem einer solchen Principal-Agent-Beziehung ist die asymmetrische Informationsverteilung zwischen Prinzipal und Agenten.

So besitzt der Vorstand als Agent zum Zeitpunkt seiner Anstellung Wissen über eigene Absichten und Fähigkeiten, über das die Aktionäre in der Rolle des Prinzipals nicht verfügen. Dieser Wissensvorsprung kann seitens des Agenten dazu genutzt wer-

---

11 Es werden dabei explizite Verträge, die zeitpunkt- oder zeitraumbezogen sind und sich inhaltlich genau erfassen lassen, von impliziten Verträgen unterschieden, die prinzipiell unendliche Zeithorizonte haben und im wesentlichen Vertrauen als Basis und Sicherheit besitzen. Einhergehend mit letzterer Vertragsart besteht eine höhere Spezifität in der Leistung - also ein höheres, nur in Verbindung mit dem Vertrag nutzbares Spezialwissen: Je länger die Verträge gelten, desto höher ist diese Spezifität (*Picot* und *Dietl* 1993, 315ff.).

12 Einen Überblick über die Grundzüge der Prinzipal-Agent-Theorie geben *Richter* und *Furobotn* (1996, S. 163-171 und 197ff.). Unterschieden wird dabei der normative vom positiven Ansatz. Während ersterer unter vereinfachenden Annahmen optimale Verträge ableitet, versucht die positive Richtung zu untersuchen, inwieweit gegebene Handlungsstrukturen geeignet sind, Agency-Probleme zu reduzieren.

13 Vgl. *Flassak* (1995, S. 36ff.); *Decker* (1994, S. 18-22).

den, den Prinzipal mehr oder weniger systematisch zu täuschen und zu schädigen. Weil es sich dann nachträglich aus Sicht des Prinzipals um eine Fehlauswahl handeln kann, spricht man von einem *ex-ante*-Informationsproblem.

Dazu besteht ein *ex-post*-Informationsproblem, sobald das zu beobachtende Ergebnis des Auftragshandelns des Agenten zu beurteilen ist: Es ist nicht leicht, vom Ergebnis auf das Handeln selbst oder auf nicht beeinflußbare Umstände zu schließen. Weil der Aktionär diese Kenntnis - wenn überhaupt - nur mit sehr hohem Kostenaufwand erlangen kann, entstehen auch hier diskretionäre Verhaltensspielräume seitens des Managers, die dieser zu seinem eigenen Vorteil nutzen kann. Die bewußte Ausnutzung eines Informationsvorsprungs zum eigenen Vorteil nennt man moralisches Fehlverhalten (moral hazard).

3.2.2.2. Das Problem der vertraglichen Eigentümerkontrolle

Aus beiden Gründen kann der (Klein-)Aktionär das Verhalten des Managements nicht genau beurteilen[14]: Er kennt weder den genauen Einfluß der Unternehmensleitung auf die Höhe des Gewinns noch die alternativen - und eventuell besseren - gewinnbeeinflussenden Handlungsmöglichkeiten. Darüber hinaus kann er seinen Informationsnachteil nicht quantifizieren (*Flassak* 1995, S. 113f.). Besonders, wenn man davon ausgeht, daß mit zunehmender Dauer der Agentenbeziehung der Wissensvorsprung des Managements durch den Erwerb von Spezialkenntnissen noch steigt (*Kallfass* 1992b, S. 279), erscheint es also unmöglich, die Interessen von Aktionären und Managern allein auf vertraglichem Wege so gleichzurichten, daß eine befriedigende Eigentümerkontrolle gewährleistet werden kann.

3.3. Der Eigner-Manager-Zielkonflikt

3.3.1. Ausrichtung auf Aktionärsinteressen als Handlungsmaxime

Aus den beschriebenen Kontrollproblemen entsteht ein Zielkonflikt zwischen Management und den Aktionären.

Der einzelne Aktionär strebt im Verständnis des „Shareholder Value"-Konzepts den größtmöglichen Marktwert des Unternehmens an[15]. Versteht man den Aktienkauf als Investitionsentscheidung bei gegebenen Alternativen, so löst der Wunsch nach Marktwertmaximierung gleichzeitig das volkswirtschaftliche Problem der optimalen Kapitalbildung (*Wagner* 1988, S. 214). Vereinfacht ist deshalb das Aktionärsinteresse mit dem volkswirtschaftlichen Interesse an der effizienten Nutzung knapper (Finanz-)Ressourcen gleichzusetzen. Wird zudem realistischerweise die Existenz der AG auf die persönliche Vorteilserwägung des Aktionärs als alleinigem Träger des Kapitalrisikos zurückgeführt (*Adams* 1990b, S. 246f.), muß in einem ordnungskonformen AktG die Verwaltung ver-

---

14 Dies gilt für Großaktionäre und institutionelle Anleger nur eingeschränkt. Siehe dazu Kapitel 4.2.
15 Markwertmaximierung heißt nicht notwendigerweise Maximierung des Bilanzgewinns, da in steigenden Kursen der Aktie ein Äquivalent zu höheren Gewinnen besteht.

pflichtet sein, allein den Interessen des Aktionärs (nach Marktwertmaximierung) zu dienen.

3.3.2. Das Zielsystem des Managements

Unterstellt man den Managern aber eigennütziges Verhalten[16], so wird ihr Zielsystem in doppelter Hinsicht die Interessen der Aktionäre konterkarieren.

(1) Einmal wohnt jeder Agentenbeziehung ein generelles Anreizproblem inne: Das Grenzprodukt des Arbeitseinsatzes der Agenten kommt den Auftraggebern - also hier den Aktionären - zugute. Deshalb wird ein rational handelnder Manager seinen Arbeitseinsatz so bemessen, daß sein privater Grenznutzen gleich dem Grenzprodukt seines Arbeitseinsatzes ist. Dieser wird aber im Vergleich zu einem Einzelunternehmer, dem die Erträge seiner Arbeit voll zufließen, deutlich geringer ausfallen. (*Decker* 1994, S. 67f.; *Adams* 1990a, S. 64; *Herkenroth* 1994, S. 304).

(2) Die zweite Ebene der privaten Nutzenmaximierung besteht im Streben nach dem Konsum nicht-geldlicher Vorteile, was sich im sogenannten „consumption on the job" (vgl. dazu *Decker* 1994, S. 65ff.) oder der Tendenz zu „top management feather bedding" (*Walsh* und *Sewart* 1990, S. 422) niederschlägt[17]. Die Perspektiven nicht-geldlicher Entlohnung hängen vor allem von der Größe des Unternehmens ab. Daher liegt es im Interesse der Unternehmensleitung, nicht den Wert des Unternehmens, sondern sein Vermögen zu maximieren, das - bestehend aus Geldbeständen und Geldströmen sowie deren Äquivalenten - für strategische und private Zwecke eingesetzt werden kann (*Adams* 1989, S. 333). Im Gegensatz zu den Wünschen der Aktionäre werden also die Manager Gewinnthesaurierung anstatt Ausschüttung bzw. Unternehmenswachstum vor der Sicherstellung der Rendite verfolgen (*Herkenroth* 1994, S. 305).

Gerechtfertigt wird dieses Verhalten durch die sogenannte Koalitionstheorie des Unternehmens oder das „Stakeholder Value"-Konzept der Gewinnverwendung. Danach hat die Unternehmensleitung für den bestmöglichen Interessenausgleich unter allen am Unternehmen beteiligten Interessengruppen zu sorgen (*Adams* 1989, S. 337f.), was in der Regel ebenfalls durch Maximierung der Größe des Unternehmens - also vornehmlich durch externes Wachstum - am leichtesten fällt.

3.3.3. Die Bedeutung des Zielkonflikts für Wettbewerb und Kapitalmarkt

In modernen Aktiengesellschaften mit breiter Streuung des Aktienbesitzes kann man wegen des eben beschriebenen Zielkonflikts und der asymmetrischen Informationsverteilung insgesamt davon ausgehen, daß die Verwaltung zumindest teilweise zu Lasten

---

16 Diese aus der Trennung von Eigentum und Verfügungsgewalt resultierende Konsequenz umschreibt die sogenannte Managementtheorie der Firma (*Schüller* 1983, S. 170ff.).

17 *Adams* (1990a, S. 64) charakterisiert „consumption on the job" als das Streben nach prachtvollen Gehältern, einem vergnügvollen Arbeitsklima in üppig ausgestatteten Büros, angenehm anzusehenden Hilfskräften in großer Zahl, freundlichen, willigen, kulturell angepaßten, jedenfalls nicht zu kompetitiven Kollegen mit der Gabe des vorauseilenden Gehorsams und Status.

der Verfügungs- und Gewinnrechte der Aktionäre handelt und damit volkswirtschaftliche Ineffizienzen verursacht[18]. Dies kann anhand der von *Jensen* entwickelten „Free Cash Flow Theory" verdeutlicht werden. Der „Free Cash Flow" umfaßt alle diejenigen Geldströme, die über die für „vernünftige" Investitionen (alle mit dem Marktsatz abgezinste Investitionen mit positivem Barwert) notwendigen Mittel hinausgehen (*Adams* 1990a, S. 64). Diese Mittel „must be paid out to shareholders if the firm is to be efficient or to maximize value for the shareholders" (*Jensen* 1988, S. 28)[19].

Tabelle 1: Formen, Motive und Wirkungen externen Wachstums

Zusammen-schlußform	horizontal	vertikal	konglomerat
Begriff	Unternehmen sind auf dem gleichen relevanten Markt tätig.	Unternehmen sind auf vor- bzw. nachgelagerten Produktionsstufen tätig und stehen in einer Käufer-Verkäufer-Beziehung zueinander.	Negativ definiert als Zusammenschluß, der weder horizontaler noch vertikaler Natur ist.
Zusammen-schlußmotive	- Economies of scale	- Transaktionskosten-ersparnisse	- Economies of scope - Risikostreuung durch Diversifikation
	- Eliminierung eines ineffizienten Unternehmensmanagements - Marktstrategische Zielsetzungen - Empire Building		
Wettbewerbs-wirkungen	Erlangen einer dominierenden Marktposition bzw. Erleichterung kollektiver Marktkontrolle und damit Beschränkung des Preiswettbewerbs (überhöhte Preise und Gewinne sowie Kosten)	Behinderung von nicht-integrierten Konkurrenten durch Monopolisierung der Bezugs- oder Absatzwege und damit Errichtung von Marktzutrittsschranken	Überwälzung von Marktrisiken und Kosten; Kopplungsgeschäfte; steigende Finanzkraft; Mischkalkulation; Konzentration von Verfügungsbefugnissen
Kosten-wirkungen	Economies of scale vs. Diseconomies of scale	Transaction-cost eco-momies vs. Steigende Organisationskosten	Economies of scope vs. Diseconomies of scope
	X-Inefficiencies		

Quelle: *Schmidt* 1996, S. 139.

---

18 Die potentielle Effizienzschwäche nur aus der Trennung von Eigentum und Verfügungsgewalt abzuleiten, greift allerdings zu kurz. Die Möglichkeiten zur Kostenaufblähung sind auch durch die jeweilige Marktphase des Unternehmens bedingt. So können sich in der Einführungsphase marktbedingte Konkurrenzvorteile und in der Stagnationsphase machtbedingte Monopolgewinne ergeben, die ineffizientes Verhalten verdecken können (*Schüller* 1978, S. 52). Siehe dazu auch Kapitel 3.4.3.

19 Neben mangelnder Ausschüttung wird für die Erklärung des Entstehens von „Free Cash Flow" noch ein weiteres auf der allgemeinen Wirtschaftsstruktur beruhendes Argument gebraucht. Danach wird in der heutigen modernen Industrie- und Informationsgesellschaft der Spielraum des Managements dadurch erhöht, daß Innovationen größere und länger anhaltende Vorsprungsgewinne generieren können. Dadurch wird zwar der dynamische Wettbewerb gefördert. Gleichzeitig ist aber auch ineffizientes Verhalten auf Basis früherer Vorsprungsgewinne möglich (*Adams* 1990a, S. 65f.; 1990b, S. 245).

Geschieht dies nicht, bilden sich ineffiziente *interne* Kapitalmärkte[20]. Diese entziehen dem *externen* Kapitalmarkt Mittel und erlauben es dem Management, weniger rentable Investitionen und überflüssige Diversifikationskäufe zu tätigen[21]. Über das so entstehende *externe* und *interne* Unternehmenswachstum können sich wiederum die Wettbewerbsbedingungen der Gütermärkte verschlechtern (*Schüller* 1983, S. 172f.; *Leipold* und *Schüller* 1986, S. 9f.).

Treffend beschrieben hat den gesamten Sachverhalt schon *Adam Smith* (1870, S. 334): „The directors of such companies, however, being the managers rather of other people's money then of their own, it cannot well be expected that they should watch over it with the same anxious vigilance with which the partners in a private copartnery frequently watch over their own. [...] Negligence and profusion, therefore, must always prevail, more or less, in the management of the affairs of such a company".

3.4. Alternative Kontrollmechanismen

3.4.1. Reduktion von Agency-Costs als Ziel

Wegen dieses Potentials an Ineffizienzen liegt den Aktionären an Verfahren, die geeignet sind, kompetente Unternehmensleiter auszuwählen und so zu kontrollieren, daß eine vergleichsweise günstige Rendite erwirtschaftet wird (*Schüller* 1978, S. 51). Im direkten Vertragsverhältnis läßt sich dies - wie gezeigt - nicht erreichen. Es kann daher nur um indirekte Verfahren der Interessengleichrichtung gehen. Allerdings ist auch deren Nutzung nicht kostenlos: Sogenannte Agency-Costs bestehen in direkten Kontrollkosten (Nutzung der Kontrollmechanismen) und in eventuellem Vorteilsentgang der Aktionäre durch „weiches" (gewinnschmälerndes) Leistungsverhalten des Managements. Bei entsprechender Konstruktion der Kontrollverfahren können die Kosten jedoch minimiert werden. Zu diesem Zweck wird eine Reihe interner und externer Kontrollmechanismen diskutiert, die entweder direkt durch das AktG definiert oder indirekt durch aktiengesetzliche Regelungen in ihrer Wirksamkeit beeinflußt werden. Die Effizienz solcher Mechanismen wird im folgenden untersucht.

---

20 Nach US-amerikanischen Berechnungen liegen die Kosten interner Kapitalmärkte für die Anleger drei- bis sechsmal so hoch wie auf externen Kapitalmärkten (*Adams* 1989, S. 333, Fn. 7).

21 Für die Ausdehnung der Explorationstätigkeit amerikanischer Ölgesellschafen während der 70er Jahre kommt *Jensen* (1988, S. 34) zu dem Schluß, daß „[b]uying oil on Wall Street was considerably cheaper than obtaining it by drilling holes in the ground". In Deutschland zeigte jüngst das Beispiel des „Gemischtwarengroßkonzerns" (*Adams* 1990b, S. 244) Daimler Benz AG wieder die Folgen solcher „visionären" Managementleistungen (*Wagner* 1996; o. *V.* 1996i).

3.4.2. Interne Kontrollmechanismen[22]

3.4.2.1. Hauptversammlung als originäres Kontrollorgan der Aktionäre

Üblicherweise vermitteln Aktien nicht nur Vermögens-, sondern auch Verwaltungsrechte. Dabei handelt es sich um das Recht, an Grundlagen-, Delegations-, Kapitaleinsatz- und Kontrollentscheidungen teilzunehmen. Dies geschieht durch Ausübung der mit den Aktien verbundenen Stimmrechte auf der Hauptversammlung der AG bzw. durch die Wahrnehmung eventuell gegebener Anfechtungsrechte (*Kallfass* 1992b, S. 283f.). Die Wirksamkeit solcher Rechte ist besonders in Aktiengesellschaften in breitem Streubesitz eingeschränkt, weil die Rechtsausübung nicht selten prohibitiv hohe Transaktionskosten verursacht: Je kleiner der Aktienbesitz, desto unwahrscheinlicher wird es, daß sich aktive Verwaltungskontrolle lohnt - zumal von einem eventuell positiven Kontrollergebnis auch Aktionäre profitieren, die sich passiv verhalten (*Kallfass* 1992a, S. 150). Die Verwaltungskontrolle auf Basis direkter Aktionärsrechte wird zum öffentlichen Gut.

Ein rational handelnder Kleinaktionär beschränkt sich deshalb entweder auf den Glauben, daß die Vorschläge der Verwaltung zur Abstimmung richtig sind oder er nimmt nicht an Hauptversammlungen teil (*Wenger* 1992, S. 90f.)[23]. Die sich so ergebende „rationale Apathie" (*Adams* 1994a, S. 152)[24] behindert letztlich das Zustandekommen wirkungsvoller Oppositionen und damit die effektive Kontrolle des Managements durch Kleinaktionäre[25,26].

3.4.2.2. Abgeleitete interne Kontrollorgane und ihre Probleme

Interne Kontrollorgane, die im Auftrag der Aktionäre die Überwachung der Geschäftsführung sicherstellen sollen, sind ein weiterer Versuch, die Agency-Costs einer AG zu verringern. Im deutschen Recht übernimmt diese Aufgabe der Aufsichtsrat (AR). Aber auch dem AR ist es trotz eventuell vorhandenem Expertenwissen nicht möglich, das Kernproblem jeder Agentenbeziehung zu lösen, nämlich äußere Umwelteinflüsse und innere, von den Personen des Vorstands abhängige Einflüsse auf den Unterneh-

---

22 Zu den internen Kontrollmechanismen werden überlicherweise auch leistungsabhängige Vergütungsregeln für Vorstände gezählt. Da diese aber im wesentlichen unabhängig vom AktG sind, werden diese nicht behandelt. Vgl. dazu *Herkenroth* (1994, S. 309).
23 Zur dritten Option, die Aktien zu verkaufen, siehe Kapitel 4.2.
24 Zusätzlich muß man als psychologische Schranke direkter Aktionärskontrolle sehen, daß ein Aktionär, der Anfechtungsmöglichkeiten wahrnehmen möchte, initiativ werden muß (*Ridder-Aab* 1980, S. 84).
25 Probleme, die sich aus der Stimmrechtsvertretung mit Hilfe des Depotstimmrechts ergeben, werden in Kapitel 6.4.3. behandelt.
26 Für institutionelle Großanleger gilt dieser Zusammenhang nur eingeschränkt. Für diese kann es sich durchaus lohnen, in aktive Verwaltungskontrolle zu investieren. Damit ist das Auftreten wirkungsvoller Oppositionen nicht gänzlich auszuschließen. Bei breitem Streubesitz ist dies aber unwahrscheinlicher.

menserfolg zu unterscheiden (*Walsh* und *Sewart* 1990, S. 424ff.)²⁷. Zudem beruht die Aufsichtsratstätigkeit im wesentlichen auf Informationen, die der Vorstand liefert oder beeinflussen kann. Die Fähigkeit des AR, die Agency-Costs zu verrringern und damit den Marktwert des Unternehmens zu steigern, wird deshalb vielfach skeptisch beurteilt - zumal für den Aktionär das Problem der „Kontrolle der Kontrolleure" besteht:

Insbesondere wenn die Aufgabengebiete zwischen Vorstand und Kontrollorgan nicht klar abgegrenzt sind und Anreize oder Möglichkeiten zu Klüngelei zwischen Vorstand und AR zu Lasten der Aktionäre existieren²⁸, ist von einer deutlichen Erhöhung der Transaktionskosten auszugehen. Ineffizienzen kommen aber auch schon bei pflichtbewußtem Verhalten von Managern und Räten vor. Unterstellt man den weitaus wahrscheinlicheren Fall von zumindest teilweise eigennützigem Verhalten (*Walsh* und *Sewart* 1990, S. 430), dann zeigt sich, daß Agency-Probleme durch interne Mechanismen allein nicht nachhaltig verringert und damit die Gefahren für Shareholder Value und Wettbewerbsverhalten der Unternehmen sowie letztlich für die dynamische Kapitalmarkteffizienz nicht beseitigt werden können.

3.4.3. Marktliche Kontrollmechanismen[29]

Wie gesehen bieten interne Kontrollen - transaktionskostenbedingt - Kleinaktionären keinen wirksamen Schutz. Um so wichtiger sind für sie die externen Kontrollverfahren in Form der Güter-, Manager- und Kapitalmärkte.

Steigende Wettbewerbsintensität und Offenheit der *Gütermärkte* schränkt die Möglichkeiten zur Gewinnerzielung über die Erhöhung der Preise ein. In einer solchen Situation kann übermäßiger „consumption on the job" zu Verlusten des Unternehmens führen und die Arbeitsplätze des Managements gefährden. In diesem Falle kommt der Gütermarktwettbewerb dem Interesse der Aktionäre entgegen. Allerdings kann der von den Gütermärkten ausgehende Leistungsdruck durch mögliche Quersubventionierungen in Mehrproduktunternehmen und dadurch eingeschränkt werden, daß sich die Manager zunächst durchaus wie von den Aktionären erwartet verhalten, im Anschluß aber die Möglichkeit haben, die Gewinne anders zu verteilen.

Als weiterer Disziplinierungsmechanismus gelten *externe Arbeitsmärkte für Manager*. Setzt man das Interesse der Manager voraus, ihren Marktwert (als ihre zukünftigen Aufstiegs- und Verdienstchancen) zu maximieren[30], und unterstellt ferner, daß für die Beurteilung der Managementqualität durch die Arbeitsmärkte vor allem der Shareholder

---

27　Erfahrungen in den USA, wonach die Boards amerikanischer Unternehmen ineffiziente Manager nur austauschen, wenn diese langfristig Gewinne unter dem Branchentrend erzielen und nicht, wenn die ganze Branche in Schwierigkeiten steckt, belegen diese Einschätzung (*Adams* 1990a, S. 64).

28　*Mathis* (1992, S. 38f.) betont, daß sich solche Koalitionen immer zwischen den besser informierten Parteien, also dem Vorstand und dem Aufsichtsrat, bilden.

29　Siehe hierzu *Ridder-Aab* (1980, S. 97ff.); *Decker* (1994, S. 99ff.); *Flassak* (1995, S. 131ff.).

30　Damit wird gleichzeitig die Wahrscheinlichkeit reduziert, daß der Arbeitsplatz durch bessere Manager besetzt wird.

Value bzw. der Gewinn entscheidend ist, so entsteht daraus eine starke Tendenz zur Gleichrichtung der Interessen der Manager mit denen der Aktionäre. Freilich besteht auch hier das Problem der asymmetrischen Information. Wie auf allen Arbeitsmärkten ist daher mit Unvollkommenheiten zu rechnen. So ist der Arbeitsmarkt nur eingeschränkt in der Lage, die Qualität des Managements im Preis abzubilden. Dies läßt sich auch empirisch belegen. Zwar werden erfolgreiche Manager mit lukrativen Angeboten gelockt, zu Gehaltskürzungen bei erfolglosem Verhalten kommt es jedoch fast nie (*Decker* 1994, S. 104). Insgesamt ist deshalb auch die Kontrollwirkung eingeschränkt[31]. Als letzter und zugleich wichtigster Disziplinierungsmechanismus bleibt dann der Kapitalmarkt.

4. Kontrollfunktionen des Kapitalmarktes

4.1. Grundlage: Aktienkurse als Indikator für Unternehmenseffizienz

Auch der Kapitalmarkt entfaltet seine Kontrollwirkung über den drohenden Arbeitsplatzverlust des Managements bei ineffizientem Führungsverhalten. Das Bindeglied zwischen dem Kapitalmarkt und dem Arbeitsmarkt für Manager bildet dabei die relative Entwicklung der Aktienkurse an den Börsen.

Zur Klärung dieses Zusammenhangs muß zunächst aufgezeigt werden, wie sich Aktienkurse bilden. Grundlage jeder Kauf- oder Verkaufsentscheidung der Akteure am Finanzmarkt sind Informationen. Zu unterscheiden sind allgemein zugängliche und private Informationen über die Qualität des Unternehmens und seine Gewinnaussichten. Das Konzept der Informationseffizienz (oder auch Kapitalmarkteffizienz) in seiner „halbstrengen" Form besagt, daß Kurse die allgemein zugänglichen Informationen jederzeit widerspiegeln, so daß die Akteure auf diesem Wege langfristig keine überdurchschnittlichen Renditen erwirtschaften können[32].

Dieses Konzept verkennt jedoch das Wesen von Märkten. Auch auf den Finanzmärkten fallen Transaktionskosten an, und die Verarbeitung von Informationen kostet Zeit[33]. Deshalb ist es lohnend, in private, nicht jedem zugängliche Informationen zu investieren. Dies geschieht in der Hoffnung auf Wissensvorsprünge und damit überdurchschnittliche Renditen. Auf den Finanzmärkten ist somit ein ständiger Such- und Wett-

---

31 Weil der Unternehmenserfolg nicht auf der Leistung eines einzelnen Managers beruht, sondern in aller Regel von einem Team erbracht wird, geht über den Anreiz zu gegenseitiger Kontrolle der Vorstände von *internen Managermärkten* ebenfalls disziplinierende Kraft aus. Seine Wirkung kann jedoch durch Machtstrukturen und Koalitionsbildung zwischen den einzelnen Managern zu Lasten der Aktionäre erheblich beschränkt sein (*Flassak* 1995, S. 134f.).

32 Siehe hierzu *Mathis* (1992, S. 67f.) und *Horn* (1994, S.16f.): Die „schwache" Form der Informationseffizienz besagt, daß sich aus reinen Vergangenheitsdaten kein überdurchschnittlicher Gewinn erzielen läßt; die „strenge" Form behauptet dies sogar für Insiderwissen.

33 Bestünden diese nicht, würden die Kurse immer genau den „richtigen" Wert wiedergeben; es würde sich nicht mehr lohnen, in Informationen zu investieren (Grossmann-Stiglitz-Paradoxon), vgl. dazu *Mathis* (1992, S. 68).

bewerbsprozeß um bessere Informationen im Gange. Diese sind die Grundlage für die Kauf- und Verkaufsentscheidungen der Vielzahl von Marktakteuren: Die sich bildenden Aktienkurse sind damit nichst anderes als das Spiegelbild der aggregierten Markterwartungen bezüglich der Gewinnaussichten der Aktiengesellschaften. Zugleich ergibt sich ein Bewertungsmechanismus für die Managementqualität und die Geschehnisse auf dem Gütermarkt (*Leipold* 1984, S. 32; *Schüller* 1978, S. 58ff.).

Wenn also Aktionäre der Meinung sind, das Management würde zukünftige Gewinnaussichten auf den Gütermärkten schmälern und es würden keine ausreichenden internen Disziplinierungsmöglichkeiten zur Verfügung stehen, ist es rational, die Beteiligung zu verkaufen. Dieser als „Abwanderung" oder „Exit" bezeichnete Kontrollvorgang führt immer dann zu sinkenden Kursen, wenn es nicht mindestens die gleiche Anzahl an Akteuren gibt, die zum gegebenen Aktienkurs bereit sind, diese Papiere zu kaufen - also über eine positivere Einstellung zum amtierenden Management verfügen.

Allerdings ist die Abwanderungsoption mit dem Manko belastet, daß sich die Aktionäre dadurch zunächst selbst schädigen. Wenn im Kurs die Probleme des kollektiven Handelns und der Unzulänglichkeiten interner Kontrollmechanismen enthalten sind, ist der Verkaufspreis der Aktien niedriger als im Falle optimaler Managementkontrolle (*Baums* und *von Randow* 1995, S. 147). Dies gilt besonders für Kleinaktionäre. Es ist nicht ohne weiteres zu erwarten, daß diese „Trendwenden" in der Managementqualität rechtzeitig erkennen können. Diese Möglichkeiten besitzen regelmäßig nur Großaktionäre oder institutionelle Anleger, für die es sich aufgrund der Größe ihrer Aktienpakete eher lohnt, in zusätzliche, private Informationen zu investieren, um so durch rechtzeitigen Verkauf Kursverlusten vorzubeugen (*Flassak* 1995, S. 138f.).

4.2. Kontrolle durch den Primärmarkt

Wie entsteht nun die Kontrollwirkung der Finanzmärkte? Der Primärmarkt entfaltet diese, sobald neue Mittel auf dem Kapitalmarkt aufgenommen werden sollen, um Investitionen zu tätigen oder Unternehmenswachstum zu finanzieren. Es wird dem Management bei sinkenden, die schlechte Qualität des Managements anzeigenden Kursen schwer fallen, Anleger zu finden, die bereit sind, neu emitierte Aktien zu erwerben - also Eigenfinanzierung zu ermöglichen[34].

Führen die Finanzierungsschwierigkeiten dazu, daß das Unternehmen in Insolvenzgefahr gerät, dann droht dem Management der Arbeitsplatzverlust. Da das Management dies jedoch verhindern will, wird es versuchen, Kursverluste zu vermeiden und sich nach den Interessen der Aktionäre ausrichten (*Ridder-Aab* 1980, S. 110ff.; *Decker* 1994, S. 107ff.).

Dieser Kontrollmechanismus funktioniert um so schlechter, je weniger das Management darauf angewiesen ist, Investitionen und Unternehmenswachstum über den Kapitalmarkt zu finanzieren - also die Investitionsvorhaben dem externen Kapitalmarkt vorzustellen. Dies ist immer dann der Fall, wenn interne Kapitalmärkte existieren, die die

---

34 Gleiches gilt für Fremdfinanzierungen über Kredite: Da sinkende Kurse allgemein als Indikator schlechter Bonität gelten, wird es schwer, Gläubigerbanken zu finden.

Finanzierung aus einbehaltenen Gewinnen oder verdienten Abschreibungen ermöglichen. Hier kann der Kapitalmarkt seine volkswirtschaftliche Funktion als Finanzierungsmarkt für etablierte und neue Unternehmen nicht erfüllen. Ein wesentliches Element der dynamischen Gütermarkteffizienz des Kapitalmarktes ist gestört. Die Aktienkurse würden zwar die schlechte Managementqualität anzeigen. Disziplinierungswirkung hätten sie bei intern finanzierten Unternehmen jedoch nicht (*Kallfass* 1992a, S. 148).

4.3. Kontrollwirkungen des Sekundärmarktes: Der Markt für Unternehmenskontrolle

4.3.1. Funktionsweise des Marktes für Unternehmenskontrolle

Auch vom Sekundärmarkt - also vom Handel mit bereits bestehenden Aktien - gehen Kontrollwirkungen auf das Management aus. Zum einen bestehen - wie gesehen - über die Kursbildung Rückwirkungen auf die Finanzierungsmöglichkeit am Primärmarkt. Seine eigentliche Funktion hinsichtlich Unternehmens- und Managementkontrolle wird mit dem Begriff *Markt für Unternehmenskontrolle (MFU)*[35] umschrieben, der als „Kontrolle der letzten Instanz" (*Adams* 1990b, S. 244) immer dann greifen soll, wenn die bisher behandelten Mechanismen eingeschränkt oder funktionsunfähig geworden sind.

Die Eignung des Sekundärmarktes als Kontrollmechanismus ergibt sich aus dem Umstand, daß mit dem Kauf von Aktien nicht nur Anteile am Vermögen eines Unternehmens, sondern zugleich Stimm- und damit auch Kontrollrechte erworben werden. Hierdurch kann die Unternehmensleitung beeinflußt oder ausgetauscht werden. Genau dies nutzt der MFU: Er wird allgemein als Markt für den mehrheitlichen Erwerb der Kontroll- und Vermögensrechte einer AG durch eine andere Gesellschaft oder durch Aktionäre definiert (*Ridder-Aab* 1980, S. 112f.; *Kallfass* 1992a, S. 151).

4.3.1.1. Grundsätzliches

Fallende Kurse als Ausdruck einer nachlassenden Führungsqualität beschleunigen - wegen der sinkenden Kosten - den Vorgang des Erwerbs einer Kontrollmehrheit. Verlockend für die „Übernehmer" (andere Managementteams oder andere Gesellschaften) sind dabei vor allem die Aussicht auf unter Umständen hochbezahlte Managerpositionen und auf steigende Aktienkurse: „The lower the stock price, relative to what it could be with more efficient management, the more attractive the takeover becomes to those who believe that they can manage the company more efficiently" (*Manne* 1965, S. 113).

Bedeutendstes Motiv für die Übernehmenden („Raider") ist also die *Erwartung*, mit einer effektiveren Unternehmenspolitik nach dem Austausch des amtierenden Manage-

---

35 Die englische Bezeichnung „Market for Corporate Control" stammt ursprünglich von *Manne* (1965).

ments[36,37] die Gewinne zu erhöhen und damit den Wert des Zielunternehmens zu steigern[38].

Gleichbedeutend kann der MFU somit verstanden werden als ein „area in which alternative management teams compete for the rights to manage corporate ressources" (*Jensen* 1988, S. 23): In einem wettbewerblichen Prozeß soll dasjenige Management eingesetzt werden, das am besten für die Leitung des Unternehmens geeignet scheint. Damit soll zugleich die gesamtwirtschaftlich effizienteste Resssourcennutzung ermöglicht werden.

4.3.1.2. Das feindliche Übernahmeangebot als bevorzugte Technik auf dem Markt für Unternehmenskontrolle

Für den Erwerb von ineffizienten Aktiengesellschaften bieten sich im wesentlichen drei Formen an: Neben dem sukzessiven Erwerb und dem Paketkauf von Aktien außerhalb des offiziellen Börsenhandels gilt vor allem das *feindliche Übernahmeangebot* („*hostile takeover*") als wirkungsvolle Übernahmetechnik[39]. Im allgemeinen wird darunter ein an alle Aktionäre der Zielgesellschaft gerichtetes öffentliches Angebot verstanden, deren Aktien innerhalb einer bestimmten Frist zu einem über dem aktuellen Kurswert liegenden feststehenden Preis zu erwerben[40]. Ein prominentes Beispiel aus jüngster Vergangenheit ist das mehrfach erhöhte Übernahmeangebot der britischen Mobilfunkgesellschaft Vodafone Airtouch an die Aktionäre der deutschen Mannesmann AG.

Das Risiko und die Kosten des Kontrollerwerbs werden hierbei für den Bieter zwar durch den Kauf zu erhöhten Kursen, die allgemeinen Verfahrenskosten und das Problem der Bewertung der Zielgesellschaft gesteigert. Doch liegt die entscheidende Attraktivität dieses Instruments darin, daß das aktuelle Management der Zielgesellschaft diesem

---

36 Ineffizienzen resultieren einmal aus den erwähnten Kontrollproblemen und dem Vorhandensein von „Free Cash Flow", zum anderen aus der Schwerfälligkeit des amtierenden Managements. Zudem sind vormals staatlich geschützte Industrien mit besonders hohen Ineffizienzen nach deren Privatisierung und Deregulierung das Ziel von Übernahmeangeboten (*Jensen* 1988, S. 24ff.).

37 Nach *Walsh* und *Sewart* (1990, S. 437) spricht für die These der Managementineffizienz als Übernahmeursache auch die Beobachtung, daß die Managmentfluktuation nach einer Übernahme höher ist als im Normalfall.

38 Vgl. u. a. *Walsh* und *Sewart* (1990, S. 435); *Kallfass* (1992a, S. 6ff.); *Ridder-Aab* (1980, S. 113); *Mathis* (1992, S. 66).

39 Wenngleich nur der geringste Teil aller Übernahmeangebote als „feindlich" einzustufen ist, würden nach *Jensen* (1988, S. 22) viele der „freundlichen" Übernahmen ohne den beständigen Druck des Kontrollmarktes und damit der „hostile takeovers" nicht vollzogen.

40 *Jensen* (1988, S. 36) verweist auf amerikanische Studien über die Charakteristik der Zielgesellschaften. Danach sind vor allem Firmen, die ein Mißverhältnis zwischen Wachstum und Ressourcen aufweisen, betroffen: Entweder zeigen sich hohes Wachstum, geringe Liquidität und hoher Verschuldungsgrad oder niedriges Wachstum, hohe Liquidität und geringer Verschuldungsgrad. Darüber hinaus sind vor allem die Gesellschaften Ziel eines Übernahmeangebots geworden, die in den letzten vier Jahren vor Übernahme eine unterdurchschnittliche Kursentwicklung aufgewiesen haben.

Vorgang nicht zustimmen muß, er also gegen den Willen des Mangements durchsetzbar ist[41].

4.3.1.3. Effizienzsteigernde Wirkungen des „Market for Corporate Control"

Die „(hostile) Takeovers" bieten nach Ansicht der Befürworter des „Market for Corporate Control" im Hinblick auf die gesamtwirtschaftliche Effizienz vielfältige Vorteile:

(1) Eine *direkte positive Wirkung* auf die gesamtwirtschaftliche Effizienz läßt sich *nach erfolgter Übernahme* beobachten - z. B. bei der Zerschlagung konglomerater unproduktiver Wirtschaftsimperien in kleinere, effizientere Wirtschaftseinheiten[42]. Außerdem ist generell mit dem Abbau von Verwaltungen und einer mehr oder weniger radikalen Umgestaltung der Unternehmensstruktur zu rechnen. Zusammen mit der schlichten Neuorientierung der Unternehmenspolitik können diese Veränderungen die Effizienz und damit die Wettbewerbsfähigkeit der Unternehmensorganisation steigern (u. a. *Jensen* 1988, S. 22, 25; *Adams* 1990b, S. 244).

(2) Die wesentlichen positiven Effekte liegen aber aus gesamtwirtschaftlicher Sicht in der *indirekten Disziplinierungswirkung* auf das Management *vor Übernahme* und damit in der Stärkung der Eigentümerstellung der Aktionäre: Der MFU entfaltet eine ständige Drohwirkung auf das Management, das wegen des möglichen Arbeitsplatzverlustes infolge einer Unternehmensübernahme gezwungen ist, sich am Interesse der Kapitalgeber nach Ertragssteigerungen auszurichten (*Manne* 1965, S. 113; *Wenger* 1995, Sp. 1410f.). „Konsumbetontes, machthungriges, phantasieloses, uninteressiertes oder auf andere Weise unfähiges Management" (*Adams* 1990b, S. 244) wird zur Änderung des Verhaltens veranlaßt. Für den einzelnen Aktionär ergeben sich so - neben den außerordentlichen Gewinnen bei vollzogenen Übernahmen - positive externe Kontrolleffekte, die sich in der Ausschüttung von Teilen des „Free Cash Flow" niederschlagen können - beispielsweise durch die Auflösung stiller Reserven. Dies gilt besonders für Aktiengesellschaften mit breit gestreutem Anteilsbesitz, in denen - wie gesehen - interne Kontrolle wenig wirkungsvoll ist.

(3) Insgesamt kann erwartet werden, daß direkte und indirekte Effekte zu einer *Belebung des Kapitalmarktes* und zu Dekonzentrationstendenzen führen. Dadurch werden die finanziellen Ressourcen besser ihrer ertragreichsten Nutzung zugeführt und der Strukturwandel beschleunigt (*Manne* 1965, S. 119; *Adams* 1990a, S. 65; *Baums* 1990, S. 237).

---

41 Darüber hinaus bilden der Überraschungseffekt, die selbstbestimmte Preisfestsetzung, die gesteigerte Geschwindigkeit der Übernahme und die Reichweite des Angebots sowie der durch die befristete Gültigkeit entstehende Entscheidungsdruck auf die Aktionäre weitere Pluspunkte eines Takeover-Angebots.

42 Insbesondere in den USA haben sich in den 80er Jahren die Finanzierungsmöglichkeiten von solchen Aufsprengungsübernahmen durch die Auflage sogenannter Junk Bonds auch für kleinere Unternehmen oder sogar Privatleute erheblich verbessert, was dem Übernahmemarkt zusätzliche Dynamik verliehen hat und auch vermeintlich zu große Gesellschaften zum Ziel von Übernahmen hat werden lassen (*Jensen* 1988, S. 25; *Adams* 1990b, S. 244).

4.3.2. Voraussetzungen für das reibungslose Funktionieren des Marktes für Unternehmenskontrolle

Die Wirkung des MFU hängt entscheidend vom Kosten-Nutzen-Kalkül des Bieters ab. Deshalb funktioniert der Mechanismus um so besser, je niedriger die Kosten und je höher die potentiellen Gewinne aus der Übernahme sind.

Kostentreibend kann es wirken, wenn ein *Gefangenendilemma* bei den potentiellen Verkäufern vorliegt: Bei der Frage der Annahme des Übernahmeangebots wird jeder Aktionär wegen der Irrelevanz seiner eigenen Entscheidung für den Erfolg der Übernahme lieber auf die erwartete Kurssteigerung nach Übernahme spekulieren, so daß diese bei Aktiengesellschaften in Streubesitz gar nicht zustande kommen kann. Um dem entgegenzuwirken, müssen die Angebote entweder besonders hoch über dem aktuellen Kurs liegen oder so gestaltet sein, daß ein Entscheidungsdruck auf die Aktionäre entsteht, oder es muß ein offener Übernahmemarkt existieren, der im Wettbewerb unterschiedlicher Bietergesellschaften den höchst möglichen Preis zu Tage fördert (*Herkenroth* 1994, S. 336ff., S. 343; *Mathis* 1992, S. 73f.).

Auch *gesetzliche Regulierungen* wirken kostentreibend. Die ex-ante Informations- oder Suchkosten beim Ausfindigmachen geeigneter Übernahmekandidaten stellen für den Bieter „sunk costs" dar (*Mathis* 1992, S. 79). Deshalb lohnt sich der Aufwand der Informationsbeschaffung nur, wenn die daraus gewonnenen Erkenntnisse schnell und privat verwendet werden können. Jede gesetzgeberische Maßnahme, die die Aktionäre vor Übervorteilung während des Übernahmevorgangs durch weitgehende Offenlegung von Informationen und Zielen seitens des Bieters schützen will, wirkt insofern kontraproduktiv, als daß durch sie zusätzliche Bieter angelockt werden, die die jetzt kostenlosen Informationen für sich nutzen (*Röhrich* 1994, S. 88ff.). Unterstellt man ferner rationales Verhalten beim Bieter, wird er dieses „Freerider"-Problem erkennen, seine Bemühungen einstellen und auf den Profit von Übernahmen verzichten (*Mathis* 1992, S. 80f.). Der Übernahmemarkt kann aufgrund der negativen ex-ante Anreize solcher Regelungen, die wie Marktzutrittsschranken wirken, zum Erliegen kommen.

Problematisch können darüber hinaus eventuelle *Verteidigungsmaßnahmen* des Managements sein. Ein Teil dieser vielfältigen Bemühungen zielt darauf, den Preis für die Übernahme prohibitv hoch zu gestalten (kostentreibende Abwehrmaßnahme). Andere schränken die Stimm- und Handlungsrechte des Bieters nach erfolgter Übernahme ein oder schalten sie ganz aus, so daß der Bieter keinen Nutzen mehr aus den Anteilen ziehen kann (nutzenverringernde Abwehrmaßnahme; siehe hierzu *Jensen* 1988, S. 39ff.; *Walsh* und *Sewart* 1990, S. 441; siehe auch Tabelle 2)[43].

---

43 Einzige Ausnahme scheinen die sogenannten „Golden Parachuts" zu bilden. Hierbei handelt es sich um Abfindungsprämien gegenüber dem alten Management. Diese helfen, die Interessenkonflikte, die aus den spezifischen Humankapitalinvestitionen des Managements erwachsen, zu reduzieren - besonders dann, wenn sie an den Übernahmepreis gebunden sind (*Jensen* 1988, S. 39f.).

Tabelle 2: Abwehrmaßnahmen im Überblick

NUTZENVERRINGERNDE ABWEHRMASSNAHMEN	
Shark Repellent	Verteidigung durch Satzungsänderung.
Pep Pill	Satzungsmäßige Definition überdurchschnittlicher Wachstumsziele, die der Bieter nach Übernahme erreichen muß, um nicht erhöhte Dividendenzahlungen an die Aktionäre der Zielgesellschaft leisten zu müssen. Dies kann dazu führen, daß der Bieter einen großen Teil des Nutzens, den er aus der Übernahme ziehen möchte, weitergeben muß.
Poison Pills	Ab dem Besitz eines bestimmten Anteils der Aktien oder bei Vorlage eines Übernahmeangebots werden die Rechte, die mit den Aktien verbunden sind, beschränkt oder ganz ausgeschlossen: Die Einflußnahme auf die Gesellschaft wird erschwert oder unmöglich.
White Squire	Kauf einer Minderheitenbeteiligung durch ein Unternehmen, dessen Management der Unternehmensleitung der Zielgesellschaft nahesteht. Der Bieter hat keine Chance, eine Mehrheitsbeteiligung zu erwerben und damit die Unternehmenspolitik in seinem Sinne zu verändern.
KOSTENTREIBENDE ABWEHRMASSNAHMEN	
Greenmail	Rückkauf eigener Aktien durch die Gesellschaft oberhalb des Preises des Bieters.
White Knight	Konkurrierendes Angebot durch ein Unternehmen, dessen Management der Unternehmensleitung der Zielgesellschaft nahesteht.
Pac Man	Gegenangebot des bedrohten Unternehmens zum Kauf der Bietergesellschaft
Litigation	Klage der Zielgesellschaft oder ihrer Aktionäre gegen das bietende Unternehmen auf Unterlasssung der Übernahme. Begründet wird dies mit der Verletzung von Minderheitenrechten der Aktionäre der Zielgesellschaft oder Fehlinformationen durch das Bieterunternehmen bezüglich seiner Absichten.

Quelle: Nach Angaben bei *Weimar* und *Breuer* 1991

4.3.3. Empirische Evidenz der These von der Effizienzsteigerung

Verfechter der Idee des MFU stützen die These von der Effizienzsteigerung mit Kursanalysen[44]. Danach verbessern sich die Kurswerte der Zielgesellschaften im Zusammenhang mit der Übernahme (*Jensen* 1988, S. 22ff.). Auch die Präventivwirkung des MFU wird durch Studien belegt. So zeigt *Schranz* (1993) für die „Performance" des amerikanischen Bankensektors: (1) Die Profitabilität, gemessen am Vorsteuergewinn, ist in Staaten mit aktivem Takeovermarkt höher als in solchen mit restriktiven Takeover-Gesetzen. (2) Interne Kontrollmechanismen können die effizienzsteigernden Effekte des Kontrollmarktes nicht annähernd erbringen.

Für die Bietergesellschaften lassen sich allerdings keine eindeutigen Kursbewegungen feststellen (*Herkenroth* 1994, S. 321ff.). Dies deutet *Jensen* (1988, S. 35) als Beweis für die Richtigkeit der „Free Cash Flow"-Theorie: Hohe freie Mittel lassen dem Management der Bietergesellschaften auch Raum für Unternehmenskäufe, die nicht

---

44 Die empirische Methode beruht auf folgender Überlegung: Wenn es richtig ist, daß die Börsenkurse die Qualität des Managments wiedergeben, dann müßten die Kurse der Zielgesellschaften vor Übernahme deutlich unter dem Branchendurchschnitt liegen und nach Übernahme deutlich steigen (*Herkenroth* 1994, S. 315).

durch mögliche Effizienzsteigerungen begründet sind, sondern anderen Motiven folgen (siehe auch Kapitel 4.3.4.1.).

4.3.4. Kritik am Konzept des Marktes für Unternehmenskontrolle

4.3.4.1. Theoretische Schwächen, Übernahmemotive, Gewinnquellen

Kritiker bezweifeln das idealtypische Funktionieren des MFU, die These von der Marktwertsteigerung und damit auch seine gesamtwirtschaftlich positiven Wirkungen.

Besonders von Vertretern der „Theorie spekulativer Blasen"[45] wird bestritten, daß die Aktienkurse die Managementqualität immer richtig wiedergeben: Infolge der allgemeinen Erwartungslastigkeit der Finanzmärkte und einer weit verbreiteten Mitläuferneigung könne es - unabhängig von der Managementqualität - zu langfristigen Unterbewertungen von Unternehmen kommen. Die Kursentwicklung als Indikator für potentielle Übernahmekandidaten wird deshalb für untauglich gehalten (*Mathis* 1992, S. 69ff.; *Horn* 1994, S. 17f.). Damit seien aber auch die Studien zur Kurswertsteigerung auf einer sehr zweifelhaften Annahme aufgebaut - zumal oft noch andere methodische Probleme, z. B. sehr kurze Untersuchungszeiträume, zu beobachten seien (*Herkenroth* 1994, S. 326ff.).

Zudem wird kritisiert, daß der Wunsch nach Auswechselung eines ineffizienten Managements als Übernahmemotiv meist einseitig betont wird. Marktmacht und Diversifikation als mögliche Motive würden vernachlässigt. Zudem werde übersehen, daß das Management der übernehmenden Gesellschaft schlicht und einfach einer Selbstüberschätzung unterliegen kann.

Die genannten Einwände führen zu einer Schlußfolgerung bezüglich der Kursgewinne, die nach Übernahme entstehen: Diese resultieren nicht allein aus der Beseitigung eines ineffizienten Managements. Vielmehr kommen auch andere Quellen in Frage, wie z. B. monopolisierte Absatzmärkte[46].

4.3.4.2. Negative volkswirtschaftliche Wirkungen?

Aufgrund dieser Unsicherheiten über Funktionsfähigkeit, Motive und Gewinnquellen schätzen Skeptiker die volkswirtschaftliche Vorteilhaftigkeit des Übernahmemarktes kritisch ein.

(1) In diesem Zusammenhang werden aus den erheblichen Übernahmeaktivitäten vor allem in den USA Tendenzen zu einer *kurzsichtigen Unternehmenspolitik* gefolgert: Da der Kapitalmarkt langfristige Vorhaben nicht genügend im Kurs honoriere, müßte auf Projekte mit langer Ausreifungszeit zugunsten kurzfristiger Gewinnorientierung ver-

---

45 Siehe dazu *Aschinger* (1991) mit weiteren Nachweisen.
46 Vgl. *Lenel* (1992, S. 15ff.); *Mathis* (1992, S. 101ff.); *Herkenroth* (1994, S. 328-336); *Röhrich* (1994, S. 84-87).
Ähnliches gilt für die bei der Übernahme gezahlte Differenz zum ursprünglichen Kurs (Übernahmeprämie). Diese kann auch daraus resultieren, daß sich das Management der Bietergesellschaft schlicht und einfach selbst überschätzt und damit die Erwartung besitzt, die Zielgesellschaft sehr viel effizienter führen zu können.

zichtet werden. Die Folge seien sinkende langfristige Investitionen (z. B. in Forschung und Entwicklung), erhöhte Planungsunsicherheiten wegen fehlender langfristiger Verträge, sowie letztlich Innovationsschwäche.

Ein weiteres Argument, das diese These stützen soll, setzt beim amtierenden Management an: Bei einem aktiven MFU müsse es befürchten, daß für spezifische Humankapitalinvestitionen keine ausreichenden Ausgleichszahlungen durch den „Raider" geleistet werden - dessen Übernahmegewinne also aus Übervorteilung resultierten. Die Unternehmensleitung werde deshalb auf solche langfristigen spezifischen Investitionen verzichten. (*Mathis* 1992, S. 89ff.; *Weimar* und *Breuer* 1991, S. 2312). *Zöllner* und *Noack* (1991, S. 126) halten deshalb den MFU insgesamt für untauglich, das Management zu disziplinieren: Ein um seine Entlassung fürchtender Managemer werde sich entgegen der Theorie sehr kurzfristig darum bemühen, seine eigenen Interessen zu maximieren.

Diese Argumentation birgt allerdings die Gefahr einer Immunisierung des Managements gegenüber Vorwürfen aus Reihen der Aktionäre, weil hier die Zusammenhänge genau umgekehrt werden: Nicht schlechte, weil kurzsichtige Managementleistungen führen zu fallenden Kursen, sondern die Funktionsdefizite von Kapitalmarkt und MFU führen zu uneffizientem Managementverhalten[47]. Diese Behauptung wird jedoch durch die Beobachtung, daß die Ankündigung langfristiger Investitionsvorhaben in aller Regel steigende Börsenkurse hervorruft, widerlegt (*Jensen* 1988, S. 26f.)

(2) Eine weitere negative Wirkung des MFU wird mit dem Argument herbeigeredet, Abwehrmaßnahmen müßten ergriffen werden, um das Unternehmen und seine Aktionäre vor „böswilligen" Übernahmen und Zerschlagung zu schützen. Damit würden die Verwaltungen des Zielunternehmens abgelenkt und dem Management die „Schaffenskraft" geraubt. Hierbei wird jedoch - volkswirtschaftlich zu Unrecht - unterstellt, eine Gesellschaft müsse um jeden Preis überleben. Zudem legt dieses Argument, wie *Adams* (1990b, S. 245) richtig bemerkt, den Vergleich mit einem Politiker nahe, der die Abschaffung der freien Wahl mit der Einsicht fordert, daß politische Konkurrenz seine „Schaffenskraft" behindere.

(3) Die dritte Ebene in der Diskussion um befürchtete Nachteile bildet das Problem des Entstehens von konzentrationsbedingter Marktmacht. Besonders wenn kleine, aber sehr wettbewerbsstarke Unternehmen das Ziel der Übernahme sind, wirke der MFU konzentrationsfördernd. In diesem Fall verfolge das Management der Bietergesellschaft nicht den Wunsch nach Umstrukturierung der Zielgesellschaft, sondern den nach externem Wachstum - z. B. zum Aufbau eines Schutzwalls gegenüber feindlichen Übernahmen oder zur Erlangung von Marktmacht. (*Kallfass* 1991, S. 41ff.; *Lübbert* 1992, S. 125; *Herkenroth* 1994, S. 330ff.). Selbst bei funktionsfähigem MFU sei damit zu rechnen, daß direkte Mitbewerber am ehesten gewillt sind, den höchsten Preis zu zahlen. Übernahmepreise und Kurszuwächse wären dann kein Indikator mehr für Effizienz-

---

47 *Wenger* (1995, Sp. 1411) sieht die Gefahr der Immunisierung in einem ähnlichen Zusammenhang: Fallende Aktienkurse könnten mit dem Argument verteidigt werden, daß der Kapitalmarkt die vom Management betriebene langfristige Unternehmenspolitik nur nicht genügend im Kurs honoriere.

steigerung, sondern würden aus der stärker monopolisierten Marktstellung resultieren (*Lenel* 1992, S. 18 und *Möschel* 1992, S. 28).

Diese negativen Wettbewerbswirkungen werden von den Vertretern der „Chicago-School of Economics" mit dem Hinweis bestritten, daß sich in solchen Fällen negative Kursreaktionen bei direkten Konkurrenten des durch die Übernahme marktmächtiger gewordenen Unternehmens zeigen müßten. Dies ist jedoch nicht zu beobachten (*Kallfass* 1992a, S. 7, Fn. 31).

4.3.5. Exkurs: Zur Frage der Regulierung des Marktes für Unternehmenskontrolle

Die unterschiedlichen Positionen zu Funktion und Wirkung des MFU spiegeln sich auch in der Diskussion um die Regulierung des MFU wider (siehe auch Tabelle 3)

Auf der einen Seite stehen die Vertreter der „Chicago-School", die jede Regulierung und Informationspflicht, die über die Bekanntgabe des Übernahmepreises hinausgeht, mit dem Argument ablehnen, dadurch würden die Transaktionskosten steigen und ineffizienten Managements einseitig Vorteile verschafft (*Ridder-Aab* 1980, S. 117f.; *Flassak* 1995, S. 239ff.)[48]. Auch die Gleichbehandlung und Partizipation aller Aktionäre an der Übernahmeprämie wird als Hemmschuh angesehen. Besonders vor dem Hintergrund, daß die Aktionäre im Gegensatz zum „Raider" ihr Anlageporfolio diversifizieren könnten, gelte die „Investors Prefer Unequal Share Rule", nach der nur dem Raider die Gewinne aus der Übernahme zur Deckung seiner enormen Kosten beim Erwerb des Expertenwissens zustehen. Ein rationaler Aktionär müßte den ihm zufallenden Kontrolleffekt des Übernahmemarktes erkennen und deshalb die Zulässigkeit jeglicher Abwehrmaßnahme seitens der Zielgesellschaft ablehnen (*Herkenroth* 1994, S. 299ff.).

Kritiker, die an der idealtypischen Funktionsweise des Kontrollmarktes zweifeln, wollen umfangreiche Regulierungen und Offenlegungspflichten durchsetzen, um das Preis-Informationsrisiko zu reduzieren, die Kontrollprämie besser zu verteilen und die Zwangswirkung von Übernahmeangeboten (z. B. durch zeitliche Befristung ausgelöst) zu beseitigen. Hierdurch sollen die verbleibenden Minderheitenaktionäre wirkungsvoller geschützt werden. Schon allein die Tatsache, daß die meisten Übernahmen freundlicher Natur sind - also nicht gegen das Management der Zielgesellschaft durchgesetzt werden - zeige in diesem Zusammenhang, wie wichtig der Minderheitenschutz ist. In diesem Fall sei zu befürchten, daß besonders gewinnträchtige Unternehmensteile den übernehmenden Unternehmen eingegliedert werden. Die verbleibenden Aktionäre der Zielgesellschaft würden geschädigt (siehe dazu *Flassak* 1995, S. 246ff.).

---

48 Besonders *Jensen* (1988, S. 45) lehnt die Vorschriften von Publizitätsregeln bei Übernahmen mit deutlichen Worten ab: „[...] the effect of this proposal is equivalent to that of an anti-patent law which requires public disclosure of all inventions and denies the inventor all but one or two percent property right in the proceeds of his invention".

Tabelle 3: Der Markt für Unternehmenskontrolle im Überblick

	Befürworter	Gegner
Gründe für Takeovers	– Ineffiziente Geschäftsführungen – Unzureichende interne Kontrollsysteme. – Erwartung, durch Effizienzsteigerungen Kursgewinne auszulösen.	– Aufkauf unterbewerteter Unternehmen (dies ist möglich, weil Kapitalmärkte nicht informationseffizient sind). – Schädigung der Aktionäre, weil Übernahmepreise unterhalb des Unternehmenswerts liegen. – Bruch impliziter Verträge mit dem amtierenden Management. – Übervorteilung verbleibender Aktionäre. – Externes Wachstum.
Folgen der Überahmeaktivitäten	– Manager, die eigennützig sind und Ressourcen verschwenden, werden über den MFU diszipliniert. – Kapital wird volkswirtschaftlich effizient eingesetzt.	– Ausbleiben unternehmensspezifischer Humankapitalinvestitionen. – Kurzsichtigkeit des Managements. – Sinkende F&E-Investitionen. – Steigende Konzentration.
Regulierung des MFU?	– Weniger starke Regulierung.	– Ja.

Um den Regulierungsbedarf zu beurteilen, ist nach externen Effekten zu fragen, die im Zusammenhang mit Übernahmenverfahren entstehen können. Diese liegen z. B. dann vor, wenn die Aktionäre das Übernahmeangebot nicht freiwillig annehmen oder die Rechte der verbleibenden Aktionäre geschädigt werden (*Flassak* 1995, S. 294ff.; *Kallfass* 1992a, S. 151). Im Kern läuft damit die Regulierungsfrage darauf hinaus, die Gewinne aus der Übernahme zwischen dem „Raider", den verkaufenden und den verbleibenden Aktionären so zu verteilen, daß niemand übervorteilt wird.

Generell sollten daher heimliche Übernahmen verboten, alle Aktionäre gleich behandelt und allen Bewerbern die gleichen Zutrittschancen eingeräumt werden (*Kallfass* 1992a, S. 151). Übernahmen wegen eventuell entstehender negativer Konzentrationswirkungen generell zu verbieten, wäre allerdings der falsche Weg, weil so die positive Wettbewerbswirkung eines aktiven MFU von vorneherein unmöglich gemacht würde (*Adams* 1990b, S. 248f.).

4.3.6. Zusammenfassende Beurteilung der Kontrollwirkung des Marktes für Unternehmenskontrolle

Als Erkenntnis aus den theoretischen und empirischen Überlegungen bleibt, daß der MFU disziplinierende Wirkungen besitzt, diese aber eingeschränkt sein können: Dies ist dann zu erwarten, wenn umfangreiche Abwehrmaßnahmen möglich sind oder Schwierigkeiten in der Informationsbeschaffung bestehen. In solchen Fällen kommt ein Übernahmeangebot erst zustande, wenn entweder die Eigentumsrechte der bleibenden Aktionäre verdünnt werden (Übervorteilung), der Bieter bereits über ein großes Aktienpaket verfügt (Kostensenkung), mißbräuchliches Verhalten (andere Motive) vorliegt oder besonders hohe Abweichungen des Managements vom Aktionärsinteresse festzustellen sind[49].

Aufgrund der vielfältigen Defizite der internen Kontrollmechanismen gilt aber - von diesen Einschränkungen abgesehen - dennoch die Aussage von *Schüller* (1978, S. 65): „Selbst mit noch so hohem Kostenaufwand dürfte es den Aktionären nicht gelingen, [über interne Mechanismen] eine Kontrolle zu erzwingen, die jenem Herausforderungsdruck vergleichbar wäre, der von freien Märkten im allgemeinen [...] und von solchen für 'Corporate Control' im besonderen zu erwarten ist".

4.4. Einordnung der Kontrollfunktionen im Hinblick auf die Untersuchung des Aktienrechts

Vom Kapitalmarkt können - wie beschrieben - erhebliche Kontrollwirkungen auf das Management und damit die allokative und dynamische Effizienz des Gütermarktes ausgehen[50]. Die Höhe dieser positiven Kontrolleffekte ist jedoch ordnungsbedingt: Die Gestaltung des Aktienrechts kann die Kontrolle durch den Kapitalmarkt stärken oder behindern. Die Untersuchung der ordnungspolitischen Diskussion um die Reform des Aktienrechts von 1965 und von 1998 spitzt sich damit auf die Frage nach potentiellen Funktionsstörungen des Kapitalmarktes zu, die aktienrechtlich bedingt sind. Im einzelnen müssen folgende Fragenkomplexe untersucht werden:

(1) Das Funktionieren des Kapitalmarktes hängt unter anderem davon ab, wie gut und umfangreich die Marktteilnehmer informiert sind. Die Frage ist: Welchen Einfluß hat darauf das Aktienrecht?

(2) Vom Aktienrecht können Angebots- und Nachfragewirkungen auf dem Kapitalmarkt ausgehen. Deshalb ist eine weitere Frage: Wie steht es mit dem (Konkurrenz-) Verhältnis zwischen internen und externen Kapitalmärkten? Und weiter ist zu fragen: Wie attraktiv ist die Aktie als Anlagepapier?

(3) Schließlich stellt sich die Frage: Wie beeinflußt das Aktienrecht den MFU und dessen Disziplinierungswirkungen?

5. Die Aktienrechtsreform von 1965

5.1. Historische Entwicklung

Das am 6. September 1965 verabschiedete, am 1. Januar 1966 in Kraft getretene und in seinen Grundzügen noch heute geltende Aktienrecht bildet den Schlußstrich unter eine langwierige Reformdebatte. Seit dem ersten Referentenentwurf 1958 und der zweimaligen Vorlage eines Regierungsentwurfs in den Jahren 1960 und 1962 waren

---

49 Vgl. *Kallfass* (1992b, S. 282); *Röhrich* (1994, S. 92f.); *Flassak* (1995, S. 215f.); *Prowse* (1995, S. 51).

50 Allerdings ergänzen sich interne und externe Mechanismen in ihrer Wirksamkeit, so daß erst das gesamte Kontrollspektrum eine abschließende Aussage erlaubt (*Walsh* und *Sewart* 1990, S. 445).

insgesamt sieben Jahre intensiver Beratungen vergangen, an deren Ende „das Grundgesetz für unsere Aktiengesellschaften" (*Geßler* 1965, S. 677) stand. Es löste damit das Aktienrecht von 1937 ab, welches im Zuge der letzten großen Aktienrechtsreform, geprägt von der „Theorie des Unternehmens an sich"[51], eine erhebliche Stärkung der Stellung der Unternehmensverwaltung durchgesetzt hatte. Auch wenn darin durchaus die Verwirklichung des „Führerprinzips" in der Wirtschaft gesehen werden konnte, so war das AktG von 1937 doch nach herrschender Meinung nicht typisch nationalsozialistisch.

5.2. Primärziel: Einklang mit der Wirtschaftsordnung

Nach offiziellem Bekunden bestanden zudem keine ernsten Mißstände in der Handhabung und in den Auswirkungen auf das Wirtschaftsleben. Deshalb mußte der Anlaß zur Reform in etwas anderem liegen[52]. In der allgemeinen Begründung des Regierungsentwurfs heißt es dazu: „Es ist [...] ein Anliegen von hervorragender volkswirtschaftlicher und gesellschaftspolitischer Wichtigkeit, das Aktiengesetz, das die rechtliche Organisation der Aktiengesellschaft regelt, so zu gestalten, daß es mit den Grundsätzen unserer Wirtschaftsverfassung in Einklang steht" (*Kropff* 1965, S. 14). Schon aus dieser Formulierung wird deutlich, daß das AktG immer als ordnungspolitisches Gesetz verstanden wurde, das ganz im Sinne *Euckens* in jede einzelne wirtschaftspolitische Maßnahme die Grundprinzipien der Wettbewerbsordnung integrieren wollte (*Strauß* 1959b, S. 3ff.)[53]. Damit widersprachen Regierungsvertreter der damals besonders in den Spitzenverbänden der Wirtschaft vertretenen Auffassung, wonach das AktG als reines Organisationsgesetz zu verstehen und damit ordnungspolitisch neutral zu gestalten sei (*BDI u. a.* 1959, S.10)[54].

Was sind nun diese Grundsätze unserer Wirtschaftsverfassung, auf die sich der Regierungsentwurf beruft? Hauptprinzip ist der Schutz, die Anerkennung sowie die freie Verfügung über das private Eigentum (*Kropff* 1965, S. 14; *Stammberger* 1962, S. 457). Die Ordnungskraft des privaten Eigentums (dazu auch Kapitel 2.2.3.) nahm daher über die gesamte Reformdebatte eine wichtige Stellung ein und wurde zum allgemeinen Leitbild und Bezugspunkt aller Überlegungen. Man müsse vom Eigentum der Aktionäre am Unternehmen ausgehen und dürfe daher die Kontroll- und Mitspracherechte der Aktionäre in der AG nur insoweit einschränken, als dies dem wirtschaftlichen Zweck diene oder aus übergeordneten gesellschafts- und wirtschaftspolitischen Zielen gerechtfertigt sei (*Kropff* 1965, S. 14; *Strauß* 1959a, S. 15)[55].

---

51 Danach besitzt das Unternehmen einen eigenen Wert, der vor seinen Aktionären geschützt werden muß (*Strauß* 1959a, S. 25ff.; *Rasch* 1960, S. 59; *Zöllner* 1994, S. 337).
52 Vgl. u. a. *Reinhardt* (1959, S. 10f.); *Stammberger* (1962, S. 457); *Wilhelmi* (1965a, S. 153); *Kropff* (1991, S. 20).
53 So auch *Dülfer* (1962, S. 121ff.); *Mestmäcker* (1964, S. 111).
54 Der *Bundesverband der Deutschen Industrie (BDI)* u .a. (1959, S. 9) waren darüber hinaus der Meinung, daß das AktG von 1937 in „vollkommener Weise" ordnungskonform sei und deshalb keiner Änderung bedürfe.
55 Einzelne abweichende Meinungen über Tauglichkeit des Eigentums als Leitbild finden sich bei *Ballerstedt* (1962, S. 39).

Abgesehen von dieser deutlichen Einschränkung des Grundsatzes der Stärkung der Aktionärsstellung, bestand der zweite grundlegende Reformgedanke im gesellschaftspolitischen Ziel der breiten Streuung des Aktieneigentums (*von der Nahmer* 1958, S. 49ff.; *Schulte* 1988, S. 41). Damit zusammenhängend wurde angesichts zunehmender Konzentrationsbewegungen in der Wirtschaft und besonders beim Eigentum an Unternehmen Ende der 50er Jahre die Bedeutung einer solchen breiten Eigentumsstreuung für die Wettbewerbsordnung betont: „Ich bin der Überzeugung, daß das Privateigentum an unseren Großunternehmen auf die Dauer nur erhalten, die Wettbewerbsordnung nur dann verwirklicht werden kann, wenn möglichst viele am Eigentum und am Ertrag dieser Unternehmen beteiligt sind" (*Strauß* 1959b, S. 30)[56].

5.3. Leitlinien der Aktienrechtsreform von 1965

Ausgehend von diesen grundlegenden Vorstellungen formulierte *Stammberger* (1962) operationalisierbare Leitlinien für die Gesetzgebungsarbeit, an denen sich dieses Kapitel orientiert (siehe auch untenstehende Abbildung).

Abbildung: Leitlinien der Aktienrechtsreform 1965 im Überblick

5.3.1. Kapitalsammelstellenfunktion der Aktiengesellschaft

5.3.1.1. Grundsätzliches Konzept

Die erste Leitlinie ergab sich direkt aus den Entstehungsgründen der AG und der Erfüllung ihrer Funktion als „Kapitalsammelstelle". Weil der einzelne Aktionär nur mit einem geringen Kapitaleinsatz haftet und darüber hinaus aus den gegebenen Kontroll- und Verwaltungsmöglichkeiten sowie der grundsätzlichen Bewertung seines Anlageerfolges durch den Kapitalmarkt die Chance hat, am Wachstum und wirtschaftlichen Erfolg eines Unternehmens zu partizipieren, ohne eigenständiges Unternehmertum an den

---

56 Nach *Strauß* (1959b, S. 14) wirkt die breite Aktieneigentumstreuung der Entstehung wirtschaftlicher Macht entgegen und ermöglicht eine effiziente Kapitallenkung.

Tag zu legen, ist die AG in idealer Weise dazu geeignet, „verstreutes" Kapital zu sammeln und in langfristige Kapitalbindungen zu transformieren (*Strauß* 1959b, S. 4ff.; *Stammberger* 1962, S. 457).

Aktie und AG tragen also wesentlich dazu bei, Kapital aufzubringen und wirtschaftlichen Verwendungen zuzuführen. Genau diese Funktion als „Kapitalsammelstelle" wurde aber nach Ansicht der Reformbefürworter in der Nachkriegszeit mehr und mehr in den Hintergrund gedrängt. Angesichts einer sinkenden Zahl von Aktiengesellschaften bei gleichbleibender (relativ niedriger) Kapitalisierung, hohem Aktiendauerbesitz und konstant hoher Innenfinanzierung der Unternehmen hatte die Aktie ihre Funktion als Mittel der Finanzierung verloren und war zum „Mittel der Beherrschung" (*Strauß* 1959b, S. 7ff.; *Wilhelmi* 1965a, S. 153) geworden. Im Umkehrschluß bedeutet dies aber auch, daß der Kapitalmarkt seine Rolle als zentrales Koordinationszentrum für knappe Ressourcen zumindest in Teilen eingebüßt hatte. Unterstützt von dem Ziel nach breiter Streuung des Aktienkapitals, ergab sich aus diesen Defiziten der Wunsch nach „Orientierung der Reform an der bleibenden Förderung des Kapitalmarktes" (*Vallentin* 1959, S. 39) durch Wiederbelebung der Aktie als Finanzierungsmittel (*Kropff* 1991, S. 20ff.) und Stärkung der Funktion der AG als Kapitalsammelstelle - oder wie es *Stammberger* (1962, S. 457) für das anzustrebende Aktienrecht formulierte: „Das Recht der AG ist so zu gestalten, daß sie ihrer Aufgabe der Kapitalbeschaffung in möglichst idealer Weise gerecht wird".

5.3.1.2. Bewertungsfragen und aktienrechtliche Publizität

Um das Vertrauen in die Aktie wieder herzustellen, konzentrierte sich die Reformdebatte auf die Veränderung der Ausstattungsmerkmale der Aktie[57], auf Bilanzierungsfragen und die Publizität als den zentralen Bindegliedern zwischen Unternehmen und Kapitalmarkt (*Hax* 1962, S. 97; *Ballerstedt* 1962, S. 48ff.). Die dazu angestrebte Erweiterung der Rechenschaftspflicht der Geschäftsführung der AG sollte den Aktionären einen möglichst sicheren Einblick in die wirtschaftliche Lage des Unternehmens gewähren und so die über fremde Gelder verfügende Verwaltung unter schärfere Kontrolle stellen. Gleichzeitig sollte dem Informationsanspruch der potentiellen Anleger Rechnung getragen werden (*Rasch* 1960, S. 25ff.; *Kropff* 1965, S. 15). Der Schwerpunkt der Debatte lag dabei neben der Erweiterung der Berichtspflichten des Vorstands über Geschäftsabläufe auf allen die Rechnungslegung betreffenden Gebieten, also insbesondere auf den Bewertungsvorschriften sowie den Angaben im Bilanzanhang und im Lagebericht (*Schulte* 1988, S. 41)[58].

---

57 Erwähnenswert ist hier vor allem die Debatte um den Nennbetrag der Aktie. Die letztlich verabschiedete Regelung, den Nennbetrag auf DM 50 herabzusetzen, war dann auch wieder ein Mittelweg zwischen den unterschiedlichen Positionen. Zum einen wollte man die Handelbarkeit der Aktie erleichtern; zum anderen befürchtete man, durch die völlige Beseitigung des Nennwerts eher Verwirrung bei den Aktionären zu stiften und so das Ziel der breiteren Aktienstreuung zu verfehlen (*Stammberger* 1962, S. 459ff.).

58 Die Gliederungsvorschriften für Bilanz und GuV waren schon mit dem Gesetz über die Kapitalerhöhung aus Gesellschaftsmitteln und über die Gewinn- und Verlustrechnung

5.3.1.2.1. Stille Reserven und Bewertungsfragen

Besonders heftig umstritten war die Frage der Bildung und Auflösung stiller Reserven durch Veränderungen in der Bewertung des Anlage- und Umlaufvermögens. Das AktG 1937 hatte diese Möglichkeit zur Manipulation des Gewinns durch die Verwaltung noch nahezu beliebig ohne die Pflicht zur Publizität zugelassen. Besonders aus dem hierbei durch bewußte Unterbewertung entstehenden „Verlustverschleierungspotential" (*Stützel* 1962, S. 249) resultieren Unsicherheiten über die Vermögens- und Ertragslage der Unternehmen. Infolge dieser Informationsunsicherheiten und dadurch erleichterter Insidergeschäfte wird die Kursbildung als wichtiges Informationsmittel der Kapitalmärkte in ihrer Aussagefähigkeit gestört. Daneben wird die Beurteilung der Verwaltung erschwert (*Stammberger* 1962, S. 460).

Wichtiger sind jedoch die volkswirtschaftlichen Folgen auf Kapitalallokation und Wettbewerb. Die durch bewußte oder gesetzlich vorgeschriebene Unterbewertung von Vermögensgegenständen herbeigeführten stillen Reserven erlauben Innenfinanzierung über interne Kapitalmärkte. Auch wenn die so finanzierten Investitionen einzelwirtschaftlich rational sein mögen, so werden durch sie ganz im Sinne der „Free Cash Flow Theory" die für Marktwirtschaften zentrale Institution der Koordination über Märkte umgangen, eventuell volkswirtschaftlich ineffiziente Kapitalverwendungen induziert sowie der Strukturwandel behindert. Da es kein besseres Auswahlverfahren als den Markt gibt, ist Innenfinanzierung grundsätzlich ordnungswidrig. Daher besteht auch kein Grund, daß das den Aktiengesellschaften eingeräumte Privileg der Marktfinanzierung nicht genutzt wird; vielmehr muß ihm das Äquivalent der Ausnutzung dieser Möglichkeit gegenüberstehen (*Rasch* 1958, S. 251ff., 255).

Gegen diese Auffassung standen vor allem die Vertreter der wirtschaftlichen Praxis, die in den stillen Reserven ein geschichtlich gewachsenes Instrument zur Stärkung der Krisenfestigkeit der Unternehmen und zum Schutz von Gläubigern[59] und Aktionären sahen und so ihre Beibehaltung forderten (*Vallenthin* 1959, S. 40ff.; *Reinhardt* 1959, S. 28)[60].

Ohne auf die Diskussion im einzelnen eingehen zu können[61], wurde noch im Regierungsentwurf von 1962 versucht, beiden Positionen Rechnung zu tragen. Danach sollten stille Reserven für das Umlaufvermögen unmöglich gemacht werden und für das Anlagevermögen nur noch in einzelnen Sonderfällen zulässig sein (*Schulte* 1988, S. 42; *Stammberger* 1962, S. 460). Während also der Regierungsentwurf noch versuchte, Stille-Reserven-Politik zu betreiben, wurde durch *Kronstein* und *Claussen* das Konzept der „gläsernen, aber verschlossenen Taschen vorgestellt" (*Claussen* 1990, S. 513). Trotz

---

vom 23. Dezember 1958 („Kleine Aktienrechtsreform") festgeschrieben worden und sind in die aktienrechlichen Regelungen eingegangen.

59 Zum Gläubigerschutzgedanken siehe Kapitel 6.2.

60 Auch heute noch ist das Argument häufig zu hören, ohne Selbstfinanzierung hätte es das Wirtschaftswunder nicht gegeben. Eine solche Aussage, die implizit unterstellt, daß eine marktliche Kapitalallokation das Wirtschaftswunder verhindert hätte, unterliegt allerdings der positiven Beweislast.

61 Zu den Regelungen des Referentenentwurfs vgl. *Schäffer* (1959, S. 57-60).

anfänglicher Bedenken, weil das darin enthaltene Verbot der stillen Reserven einen „völligen Bruch" (*Geßler* 1961, S. 419) mit der bis dahin geltenden Praxis bedeutet hätte[62], ist es in seinen Bewertungsvorschriften weitgehend in das verabschiedete Gesetz eingegangen. Danach wurde - entgegen der bis dahin üblichen Rechtspraxis - ausdrücklich festgeschrieben, daß Vermögensgegenstände mit den Anschaffungs- oder Herstellungskosten - bei gesetzlich definierten Ausnahmen - zu bewerten sind. Im Gegenzug wurde den Unternehmen dafür aber weitgehend freie Wahl in der Bewertungsmethode gelassen (*Wilhelmi* 1965b, S. 188).

5.3.1.2.2. Aktienrechtliche Publizitätsregelungen

Zum Ausgleich für die immer noch mögliche Bildung von (stillen) Reserven infolge unterschiedlicher Bewertungsmethoden und außerordentlicher Abschreibungen sollte darüber hinaus durch die Angabe der verwendeten Bewertungs- und Abschreibungsmethoden im Geschäftsbericht die Vergleichbarkeit der Jahresabschlüsse unterschiedlicher Gesellschaften und Perioden gewährt werden. Vergleichbarkeit und Transparenz von noch möglichen stillen Reserven bildeten also für die Reformer von 1965 den „Schlüssel zum Verständis" der Rechnungslegung und damit zum objektiven Einblick in die Vermögens- und Ertragslage der Unternehmen (*Schulte* 1988, S. 43)[63]. Geßler (1965, S. 679) formulierte dies bei der Vorstellung des neuen Aktienrechts wie folgt: „Nunmehr ist die willkürliche Bildung stiller Rücklagen verboten. Abgesehen von den stillen Rücklagen, die durch die gesetzlichen Höchstbewertungsvorschriften entstehen und den stillen Rücklagen, die auf Grund steuerlich zulässiger Sonderabschreibungen entstehen, können stille Rücklagen nur noch im Rahmen planmäßiger Abschreibungen gebildet werden [...]. Dadurch wird erreicht, daß der *Gewinn nicht* mehr *willkürlich manipuliert* werden kann" (Hervorhebung nicht im Original).

Ergänzend zu den Vorschriften zur Rechnungslegung, die darüber hinaus erstmals die Bildung einer Konzernbilanz vorsehen, betreffen auch andere Regelungen des AktG die Publizität. Hier sind vor allem die allgemeinen Angaben des Geschäftsberichts und das den Aktionären gegebene und gegebenenfalls einklagbare Auskunftsrecht zu allen Fragen des Geschäftsablaufs zu nennen (*Wilhelmi* 1965a, S. 155). Die sogenannte Schutzklausel des § 131 AktG setzt dem Auskunftsrecht der Aktionäre allerdings Grenzen. Damit wurde der in der Reformdebatte häufig geäußerten Befürchtung, mit der

---

62 Das Konzept der „gläsernen, aber verschlossenen Taschen" sah im einzelnen folgendes vor (nach *Geßler* 1961, S. 419):
   – Absolutes Verbot von stillen Reserven,
   – Ausweis des wirklich erzielten Ertrags wie für die Steuerbilanz,
   – Angabe der außerplanmäßigen Abschreibungen nach Grund und Höhe,
   – Mindestdividenden in Höhe von 4% des Grundkapitals,
   – Anfechtungsrecht bei Nichtbefolgung von Punkt 4 und
   – Alleiniges Recht des Vorstands und des Aufsichtsrats über Bilanzfeststellung und Gewinnverwendung.

63 Besteht darüber hinaus Anlaß zu der Annahme, daß bewußte Unterbewertung betrieben wird, steht den Aktionären der Weg der Sonderprüfung offen, der allerdings an verschiedene Voraussetzungen gebunden ist (*Wilhelmi* 1965b, S. 189; § 142 AktG).

übertriebenen „Publizitätsfreudigkeit" (*Flume* 1959, S. 20) werde zu wenig Rücksicht auf die Belange Dritter genommen, Rechnung getragen. Zudem wurde hiermit die grundsätzliche Einstellung berücksichtigt, daß die Publizität nicht dazu verwandt werden dürfe, die eigene Gesellschaft durch Enthüllung der Strategie zu schädigen (*Hax* 1962, S. 101).

5.3.2. Stärkung der Eigentümerstellung in der Unternehmensverfassung

Die zweite Leitlinie der Aktienrechtsreform betrifft die innere Struktur der AG und damit die Stellung der drei Organe Hauptversammlung, Aufsichtsrat und Vorstand zueinander. Ausgehend von dem Wunsch der Stärkung der Stellung der Aktionäre formulierte *Stammberger* (1962, S. 457) den Leitgedanken folgendermaßen: „Die Verfassung der AG muß so gestaltet werden, daß die Verwaltung der Gesellschaft über das angesammelte Kapital möglichst frei verfügen kann und in ihrer unternehmerischen Tätigkeit zur Erreichung des angestrebten wirtschaftlichen Zwecks bei aller Anerkennung, daß sie mit fremdem Geld arbeitet, nicht durch die Vielzahl der Geldgeber gehemmt ist".

5.3.2.1. Zentraler Streitpunkt: Gewinnermittlungs- und Gewinnverteilungsrechte

Grundsätzlich folgte also die Reform der Vorstellung, daß der Aktionär kein besonderes Interesse an (und auch keine Eignung zu) eigener unternehmerischer Tätigkeit habe und deshalb die tägliche Geschäftsführung der Verwaltung nicht behindern sollte. Freilich sollte die völlig übersteigerte Stellung des Vorstands durch das AktG 1937 eingeschränkt werden. Die sich daraus ergebende Frage der Abwägung zwischen notwendiger Freiheit des Vorstandes und ebenso notwendiger Stärkung der Stellung der Aktionäre wird besonders in der Diskussion um das Gewinnermittlungs- und Gewinnverwendungsrecht deutlich.

Im Kern geht es dabei um die Frage, wie der Gewinn richtig zu ermitteln ist und wer in welcher Höhe darauf zugreifen darf (siehe auch Kapitel 5.3.1.). Grundsätzlich lassen sich in der Debatte zwei ordnungspolitische Positionen ausmachen: Insbesondere die Spitzenverbände der deutschen Wirtschaft wollten das Recht der Verwaltung, den Gewinn zu ermitteln und über dessen Verwendung zu entscheiden, gesichert wissen, was durch zwei Argumente gestützt wurde. Zum einen sei der Aktionär gar nicht in der Lage, unternehmerische Entscheidungen zu treffen (z. B. *Strauß* 1959a, S. 21ff.; *Vallenthin* 1959, S. 43). Deshalb wähle er ganz bewußt die Aktie als Anlageform. Das Gewinnrechte und das Recht zur Bildung stiller und offener Rücklagen müsse unternehmerisch, also von der dazu befähigten Verwaltung, ausgeübt werden (*BDI* u. a. 1959, S. 10ff.). Zum anderen bestehe ganz einfach die Notwendigkeit zur Selbstfinanzierung aus Rücklagenbildung, um international nicht Wettbewerbsnachteile zu haben und so den Bestand des Unternehmens sowie den technischen Fortschritt zu gefährden (*Vallenthin* 1959, S. 40ff.; *Kropff* 1991, S. 28).

Gegner dieser Auffassung berufen sich neben den bereits angesprochenen Argumenten gegen Selbst- oder Innenfinanzierung vor allem darauf, daß aus der Natur der Sache die nur in einem Auftragsverhältnis stehende Verwaltung nicht frei darüber entscheiden dürfe, in welcher Höhe Rücklagen gebildet werden (*Schäffer* 1959, S. 90). Aus dieser

Sicht wird die Vorstellung des unmündigen, zu keiner unternehmerischen Entscheidung fähigen Aktionärs zurückgewiesen. Vielmehr habe die Entscheidung, in Aktien zu investieren, ebenfalls unternehmerischen Charakter, so daß man „nicht von der Fiktion ausgehen [dürfe ...], daß der Aktionär ohne weiteres von sich aus bereit sei, einen großen Teil des ihm zustehenden Gewinns im Unternehmen stehen zu lassen" (*Rasch* 1958, S. 256).

5.3.2.2. Die Regelung

Besonders anhand dieser direkt die Allokationsfunktion des Kapitalmarktes betreffenden Regelung läßt sich deutlich verfolgen, in welchem Maße die Position der Befürworter der Innenfinanzierung mehr und mehr an Gewicht gewann (*Kropff* 1991, S. 27). Während im RefE von 1958 noch der Hauptversammlung (HV) das Gewinnermittlungs- und Gewinnverwendungsrecht zugestanden wurde[64], liegt in den Regierungsentwürfen von 1960 und von 1962 die Bilanzfeststellung schon in den Händen der Verwaltung. Die HV sollte nur noch „in angemessenem Maße" (*Kropff* 1965, S. 15) über die Bildung offener, nicht satzungsgemäßer Rücklagen entscheiden können[65]. Von einem Individualrecht des Aktionärs auf die Gewinndisposition war ohnehin nie die Rede.

Die schließlich Gesetz gewordene Regelung folgt erneut weitgehend dem „Konzept der gläsernen, aber verschlossenen Taschen". Wenn durch Publizität ein sicherer Einblick in die Vermögens- und Ertragslage gewährt wird, gilt es nicht mehr als notwendig, der HV das Recht der Ausschüttungsbemessung zuzugestehen. Bilanzfeststellung und Gewinnverwendung sind grundsätzlich der Verwaltung überlassen. Einschränkend bleibt der HV immerhin noch die durch Satzungsbeschluß weiter beschränkbare Möglichkeit, über die Verwendung der Hälfte des Bilanzgewinns zu entscheiden (*Geßler* 1965, S. 679; *Wilhelmi* 1965a, S. 154).

5.3.3. Die Kodifizierung eines eigenständigen Konzernrechts

5.3.3.1. Grundsätzliche Überlegungen

Die zweite Säule des Reformvorhabens war die Kodifizierung eines eigenständigen Konzernrechts. Ein Konzern zeichnet sich dadurch aus, daß seine jeweiligen Teilgesellschaften ihre rechtliche Selbständigkeit bewahren, während ihre wirtschaftliche Selbständigkeit im Zuge der Konzernierung verlorengeht. Die Reformfragen betrafen hier vor allem die Zulässigkeit von Beherrschungsverträgen und ähnlichen, die Abhängigkeit begründenden Vereinbarungen zwischen sonst rechtlich selbständigen Gesellschaften. Außerdem waren die Stellung von Konzern- und Gesellschaftsinteresse und die damit verbundene Frage einer zulässigen Schädigung der abhängigen Gesellschaft im Konzerninteresse Gegenstand der Reformdebatte (*Becker* 1991, S. 436; *Wilhelmi* 1965d, S. 247).

---

64 Zu den Reaktionen von Verbänden und anderen Interessengruppen siehe *o. V.* (1959a,b,c); *o. V.* (1960). Zum Referentenentwurf vgl. *Schäffer* (1959, S. 57-60).
65 Zur genauen Regelung siehe *Kropff* (1965, S. 217).

Das Kernproblem der Konzernierung liegt in Gefahren für die Wettbewerbsordnung, die durch die Leitungs- und Weisungsbefugnisse der „herrschenden" gegenüber der „abhängigen" Gesellschaft entstehen können (*Rasch* 1960, S. 13; *Kropff* 1965, S. 373). Wettbewerbspolitisch bedenklich ist besonders der Fall, bei dem abhängige Gesellschaften im Interesse des Konzerns auf lohnende Investitionen verzichten oder Verlustpreise akzeptieren. Dieses ohnehin „marktwidrige" Verhalten kann zusätzlich zur Entwertung der Eigentumsrechte der verbleibenden (außenstehenden) Aktionäre der beherrschten Gesellschaft führen - z. B. dann, wenn sich die „Beherrschung" in Kursverlusten äußert (*Mestmäcker* 1958, S. 27ff.).

Der Gesetzgeber hat diese Problematik in seine Überlegungen aufgenommen und entschieden, daß es keinen prinzipiellen Vorrang von Konzerninteressen vor dem Gesellschafterinteresse geben könne[66]. Unabhängig davon ist die Konzernierung zugelassen. Dies erfordet andererseits die Beurteilung unter Wettbewerbsaspekten. Hierfür sei das Kartellgesetz[67] zuständig. Letztlich könne - wettbewerbliche Unbedenklichkeit vorausgesetzt - das Konzerninteresse dann vorrangig sein, wenn die außenstehenden Aktionäre einen angemessenen Ausgleich erhalten (*Schäffer* 1959, S. 61ff.). Die Gesetzgebungsinitiative war daher darauf beschränkt, den Konzern als Erscheinungsform des Wirtschaftslebens hinzunehmen und die verbleibenden Aktionäre und Gläubiger der beherrschten Gesellschaft zu schützen (*Stammberger* 1962, S. 457; *Geßler* 1965, S. 681).

5.3.3.2. Minderheitenschutz im Konzernrecht

Ausgehend von diesen Überlegungen, befaßte sich die Aktienrechtsreform auf verschiedenen Ebenen mit dem Minderheitenschutz.

Der konzernrechtliche Teil des AktG (§§ 294ff.) unterteilt dazu die Konzerne in solche, in denen Leitungsmacht durch sogenannte Beherrschungs- oder Gewinnabführungsverträge unter Zustimmung der HVn beider Gesellschaften ausgeübt wird (Vertragskonzern), und in solche, in denen die Leitungsmacht ohne Verträge auf einer Beteiligungsgrundlage beruht (faktischer Konzern). Während im Vertragskonzern das AktG den Aktionären zum Ausgleich für eventuelle Benachteiligungen ihrer Vermögens- und Gewinnpositionen Abfindungsansprüche in Aktien der Obergesellschaft oder in bar zugesteht, darf im faktischen Konzern Leitungsmacht nur dann ausgeübt werden, wenn die außenstehenden Aktionäre einen Nachteilsausgleich bis Ende des Geschäftsjahrs erhalten. Daneben wird die Aufstellung eines Abhängigkeitsberichts verlangt, der

---

66 Das gilt auch dann, wenn durch die Konzernierung Transaktionskostenersparnisse oder Economies of Scope erwartet werden, die sich durchaus positiv im wirtschaftlichen Erfolg bemerkbar machen könnten.

67 Das Gesellschaftrecht soll hinsichtlich seiner Konzentrationswirkungen neutral sein - also weder konzentrationsfördernd noch konzentrationshemmend. Im übrigen unterliegen Aktiengesellschaften der Fusionskontrolle des Kartellrechts (*Kropff* 1965, S. 16; *Strauß* 1959a, S. 27).

die Beurteilung des Handelns der Geschäftsführung im Hinblick auf die eventuell negativen Einflüsse der Obergesellschaft gewährleisten soll (*Wilhelmi* 1965b, S. 190)[68].

Böhm (1976, S. 152ff. und 159ff.) beurteilt diese einseitige Konzentration auf den Minderheitenschutz im Konzernrecht unter Wettbewerbsgesichtspunkten sehr kritisch: Das AktG von 1965 läßt - wie gesehen - personelle Zusammenschlüsse (faktische Konzerne) grundsätzlich zu. Die wettbewerblichen Wirkungen solcher Zusammenschlüsse können aber vom Kartellgesetz, das sich eher auf vertragliche Wettbewerbsbeschränkungen konzentriert, nur sehr unzureichend beurteilt werden. Dies würde einen viel zu hohen Verwaltungsaufwand erfordern. Deshalb können in den besonders empfindlichen Frühphasen von Märkten bereits Wettbewerbsbeschränkungen etabliert werden. Das Kartellgesetz schützt dann „in vielen Fällen erst ein[en] Rest von [...] Wettbewerb auf längst gestörten Märkten, sozusagen eine Art von Röchelwettbewerb" (S. 152). Die Ausgliederung der wettbewerbspolitischen Beurteilung von Zusammenschlüssen aus dem AktG in das Kartellgesetz erweist sich damit als großes Defizit. Wettbewerbspolitisch zweckmäßiger wäre es, personelle Zusammenschlüsse erst gar nicht zuzulassen oder stärker durch das AktG zu reglementieren - etwa durch die Beschränkung der Stimmrechtsfähigkeit juristischer Personen (siehe dazu auch Kapitel 7.2.).

5.3.3.3. Minderheitenschutz durch Mitteilungspflichten und Anfechtungsrechte

Neben der (vertraglichen) Gestaltung von Konzernverhältnissen finden sich auch im allgemeinen Teil des AktG Minderheitenschutzvorschriften[69]. Am heftigsten umstritten war die sogenannte Mitteilungspflicht der §§ 21 und 22 AktG. Danach ist der Besitz von mindestens 25% des Grundkapitals einer AG durch ein Unternehmen bzw. einen Konzernverbund der betreffenden Gesellschaft und durch diese ihren Aktionären bekannt zu machen (*Wilhelmi* 1965b, S. 187)[70]. Insbesondere die Wirtschaftsverbände sahen darin „die Gefährdung der Grundsätze der Wirtschaftsordnung", weil die Anonymität des Aktienbesitzes verloren ginge, die Entstehung größerer Unternehmen diskriminiert und somit a priori über deren wirtschafliche Effizienz sowie deren wettbewerbliche Wünschbarkeit geurteilt würde (*BDI* u.a. 1959, S. 11; *Vallenthin* 1959, S. 49ff.).

Das Recht auf anonymen Erwerb größerer Beteiligungen durch andere Unternehmen und damit der anonymen Ausübung wirtschaftlicher Macht entspricht aber keineswegs dem Eigentumsgedanken der marktwirtschaftlichen Ordnung (*Kropff* 1965, S. 16; *Strauß* 1959a, S. 33), so daß die den Aktionären und dem Kapitalmarkt erwachsende Information über das Entstehen von Konzernen deutlich höher einzuschätzen ist (*Strauß*

---

68 Zu den Regelungen siehe *Wilhelmi* (1965e, S. 307-310 und 1965f, S. 277-280).
69 Auf weitere Minderheitenrechte des AktG kann nicht eingegangen werden. Teilweise werden Schwierigkeiten der gesetzlichen Regelungen, insbesondere die der Klagevoraussetzungen gegenüber Organmitgliedern, in der Diskussion um die Aufsichtsräte behandelt. Vgl. für die Ideen der Regelung *Wilhelmi* (1965c, S. 217ff.). Siehe auch Kapitel 6.5.2.3.
70 Solange dies nicht geschieht, ruhen alle Rechte aus der Beteiligung. Die betreffende Gesellschaft kann somit keinen Nutzen aus der Beteiligung ziehen.

1959b, S. 30)[71]. Weil darüber hinaus die wechselseitigen Beteiligungen, die die Kapitalgrundlage eines Konzerns verwässern, als besonders bedrohlich für den Wettbewerbsprozeß empfunden wurden, verbietet der § 328 AktG die Ausübung der Stimmrechte bei wechselseitigem Aktienbesitz von 25% des Grundkapitals für eine der beiden beteiligten Gesellschaften (*Kropff* 1965, S. 17)[72,73].

5.4. Würdigung der Absichten der Reform von 1965 im Hinblick auf die Unternehmenskontrolle durch den Kapitalmarkt

In der Gesamtheit ihrer Regelungen verfolgte die Aktienrechtsreform vor allem zwei für die Unternehmenskontrolle durch den Kapitalmarkt wichtige Leitgedanken: Zum einen sollte die Funktion der Aktie als Kapitalbeschaffungsinstrument gestärkt und so die bis dahin vorherrschende extreme Form der Selbstfinanzierung der Unternehmen eingeschränkt werden. Zum anderen wollte man die Öffentlichkeit für die Aktie als Anlageinstrument gewinnen und so eine breitere Streuung des Aktieneigentums erreichen. Allerdings läßt insbesondere das „Konzept der gläsernen, aber verschlossenen Taschen" Zweifel daran aufkommen, ob diese Leitgedanken wirklich in letzter Konsequenz verfolgt wurden. Mit der Einschränkung der Gewinnverwendungsrechte der Hauptversammlung und der weiterhin möglichen (willkürlichen) Bildung stiller Reserven wird die Innenfinanzierung der Unternehmen begünstigt. Weil dadurch große Volumina investitionsfähigen Kapitals der Kontrolle durch den Kapitalmarkt und damit dem Zwang zur Verzinsung mit dem üblichen Marktzins entzogen werden, wird der Kapitalmarkt bei der Erfüllung seiner dynamischen Lenkungsfunktion behindert.

Auch die Stärkung der Aktionärsposition und seiner durch die innere Verfassung der AG gewährten Kontroll-, Mitsprache- und Schutzrechte kann diese Schwäche nicht ausgleichen. Diese als Aktionärsdemokratie bezeichnete Unternehmensverfassung, die die AG prinzipiell politischen Prozessen mit der HV als Souverän nachbilden will (*Ridder-Aab* 1980, S. 16f.), übersieht, daß das eigentliche Interesse der Aktionäre in einer möglichst transaktionskostengünstigen, der Riskikobereitschaft entsprechenden überdurchschnittlichen Renditeerzielung liegt. Aus dieser Sicht ist die Idee der Aktionärsdemokratie auch wegen der Schwächen der internen Kontrollmechanismen (siehe Kapitel 3.4.2.) als verfehlt zu bezeichnen.

Das selbstgesteckte Ziel „Im Einklang mit der Wirtschaftsordnung" haben die Reformer von 1965 summa summarum in nicht unwesentlichen Bereichen des AktG deutlich vefehlt: Eine Reihe der verabschiedeten Regelungen schränkt die wirkungsvolle

---

71 Eine dritte Gruppe empfand die Regelung wegen der Beschränkung der Mitteilungspflicht auf juristische Personen von Anfang an als nicht ausreichend. Weitergehende Vorschläge wurden aber mit der Begründung abgelehnt, daß die Gefahren für die Aktionäre nicht in gleichem Maße bestehen, wenn bspw. einzelne private Aktionäre größere Aktienpakete halten (*Wilhelmi* 1965b, S. 187).

72 Zur Problematik von wechselseitigen Beteiligungen siehe Kapitel 6.1.2.

73 Ohne die Klagen über die Gefahr von mißbräuchlichem Verhalten durch den Aktionär zu beachten, wird ihm zum „Schutz vor Aushungerung" zusätzlich ein Anfechtungsrecht gegen den Jahresabschluß zugestanden, wenn nicht mindestens eine Dividende von 4% ausgeschüttet wird (*Stammberger* 1962, S. 462; § 254 AktG).

Unternehmenskontrolle ein oder steht ihr sogar entgegen. Dies läßt sich auch anhand der Reformdiskussion im Vorfeld der neuerlichen Novellierung von 1998 zeigen.

6. Zur Diskussion der Aktienrechtsreform von 1998 in Wissenschaft, Praxis und Politik

Seit den frühen 90er Jahren wird das deutsche Aktienrecht unter öffentlichkeitswirksamen Schlagworten wie „Macht der Banken" und „Aufsichtslücke" wieder verstärkt diskutiert. Die *SPD* (1995) hat dazu den Entwurf eines „Transparenz- und Wettbewerbsgesetzes" vorgelegt. Auf der Ebene der CDU/CSU/FDP-Regierung befaßte sich die Arbeitsgruppe „Kontrolle und Transparenz im Unternehmensbereich/Banken" mit der Ausarbeitung einer „Aktienrechtsnovelle". Nach der Vorlage eines ersten Entwurfs am 26.11.1996 und darauffolgenden Expertenanhörungen wurde am 28.1.1998 der endgültige Regierungsentwurf des „Gesetzes zur Kontrolle und Transparenz im Unternehmensbereich" (KonTraG) vorgestellt. Mit kleineren Änderungen wurde das KonTraG am 5.3.1998 verabschiedet; es ist am 1.5.1998 in Kraft getreten[74]. In einem sachlichen Zusammenhang dazu steht das Kapitalaufnahmeerleichterungsgesetz vom 24.4.1998, welches Fragen der Konzernrechnungslegung behandelt.

6.1. Was ist aus den Reformzielen von 1965 geworden?

Im folgenden sollen die grundlegenden Positionen der Reformdebatte zur Novellierung des AktG von 1998 in Wissenschaft, Praxis und Politik untersucht werden[75]. Als Ausgangspunkt für diese Analyse bietet sich eine zahlenmäßige Bestandsaufnahme des deutschen Aktienwesens mit Bezug auf die primären Reformziele „Kapitalsammlung" und „Streuung des Aktienbesitzes" (siehe Abbildung, Kapitel 5.2.) der Aktienrechtsreform von 1965 an.

6.1.1. Kapitalsammlung, Streuung des Aktienbesitzes

Für die Beurteilung des Ziels der „Stärkung der Kapitalsammelstellenfunktion" kann die Entwicklung der Zahl der Aktiengesellschaften herangezogen werden. Von 1965 (2.508) bis 1998 (rund 4.800)[76] ist zwar ein Anstieg festzustellen, doch fällt dieser im Vergleich zu der Zahl der Gesellschaften mit beschränkter Haftung (GmbH), die im gleichen Zeitraum von ca. 53.000 auf ca. 550.000 angewachsen ist, deutlich geringer aus.

---

[74] Der Entwurf nebst Begründung, der endgültige Gesetzestext sowie eine Zusammenfassung der Gesetzesänderung finden bei *BMJ* (1998). Überblick über das KonTraG bieten *Lingemann* und *Wasmann* (1998); *Claussen* (1998); *Hommelhoff* und *Mattheus* (1998).

[75] Einen Überblick über *Die Aktiengesellschaft* (1997) und *Friedrich-Ebert-Stiftung* (1996).

[76] Vgl. zu den Zahlen *o. V.* (1996b).

Tabelle 4: Wichtige Kennzahlen der Aktienmärkte im internationalen Vergleich

	USA	Japan	Deutschland	Frankreich	Großbritannien
EIGENTUMSVERHÄLTNISSE:					
Private Haushalte[1]	36,4	22,2	14,6	19,4	29,6
Unternehmen	15,0	31,2	42,1	58,0	4,1
Öffentliche Haushalte	0,0	0,5	4,3	3,4	0,2
Nichtfinanzielle Sektoren	**51,3**	**53,9**	**61,0**	**80,8**	**33,9**
Banken	0,2	13,3	10,3	4,0	2,3
Versicherungen und Pensionsfonds	31,3	10,8	12,4	1,9	39,7
Investmentfonds und sonstige finanzielle Institutionen	13,0	11,7	7,6	2,0	10,4
Finanzielle Sektoren	**44,5**	**35,8**	**30,3**	**8,0**	**52,4**
Ausland	**4,2**	**10,3**	**8,7**	**11,2**	**13,7**
Insgesamt	100,0	100,0	100,0	100,0	100,0
WEITERE STRUKTURKENNZAHLEN					
Anteil der Aktionäre an der Gesamtbevölkerung[2]	21,1	9,0	6,9	10,1	15,8
Börsenkapitalisierung[3]	100,9	58,1	31,4	40,6	154,4

1) Alle Angaben in Prozent am Gesamtumlauf an Aktien (Stand Ende 1995)
2) Zahlenangaben aus verschiedenen Quellen. Vgl. dazu *DAI* (1998a)
3) Börsenkapitalisierung beschreibt den Kurswert aller börsengehandelten Aktien in Prozent des nominellen Bruttoinlandsprodukts (Stand 3. Quartal 1998).
Quelle: *Deutsche Bundesbank* (1997, S. 28f.), *DAI* (1998a).

Noch plastischer wird die relative Bedeutungslosigkeit der AG in Deutschland im internationalen Vergleich: Bei der Zahl der (börsennotierten) Aktiengesellschaften, der Börsenkapitalisierung und der Eigenkapitalquote schneidet Deutschland vergleichsweise „schlecht" ab[77].

Dies gilt auch für das Ziel „Breite Streuung des Aktienbesitzes": Der Anteil der Privaten Haushalte am Aktienbesitz bzw. der Anteil der Aktionäre an der Bevölkerung fällt im internationalen Vergleich gering aus (siehe Tabelle 4). Zudem ist der Anteil der Privaten Haushalte am Aktienbesitz zwischen 1965 und 1998 von 30,6% auf ca. 15 % gefallen. Dieser Negativtrend konnte auch durch die indirekte Beteiligung der Bevölkerung am Aktienbesitz über Investmentfondsanteile nicht ausgeglichen werden (*Hansen* 1995b, S. R419).

Wenn auch in den letzten Jahren eine Belebung des deutschen Primär- und Sekundärmarktes festzustellen ist, so kann dies doch nicht darüber hinwegtäuschen, daß zwei

---

77 Vgl. dazu Tabelle 4; siehe auch *OECD* (1995, S. 16f.); für umfangreiches Zahlenmaterial siehe *DAI* (1998a) und *Hansen* (1996, insbesondere S. 6ff. und S. 32ff.).

wesentliche Reformziele weitgehend verfehlt und damit die Voraussetzungen für eine effiziente Ressourcennutzung zumindest nicht merklich verbessert werden konnten[78].

6.1.2. Stabile Eigentümerstrukturen und wechselseitige Beteiligungen

Mit dem geringen Anteil der privaten Aktionäre korrespondiert der vergleichsweise hohe Anteilsbesitz von Banken, Versicherungen und Unternehmen mit einem weiten Netz von (wechselseitigen) Beteiligungen. Dieses „Parken" von Aktienpaketen bei „befreundeten" Gesellschaften der sogenannten „Deutschland AG" macht sich in stabilen und konzentrierten Eigentümerstrukturen bemerkbar (zum Überblick siehe *Adams* 1994a).

1992 befanden sich beispielsweise nur noch 29 der nach Wertschöpfung größten 100 Unternehmen mehrheitlich im Streubesitz[79], so daß an eine wirkungsvolle Wahrnehmung der Rechte auf der HV durch private Aktionäre nicht zu denken ist. Weil zudem die Verflechtungen wenig durchsichtig sind und sie meist in ihrer Höhe unter den gesetzlichen Offenlegungspflichten, Konzernregelungen und Fusionsaufgreifkriterien liegen, ist die Vermutung eines erheblichen Schadens für den Wettbewerb nicht abwegig:

(1) Aus den Unternehmensbeteiligungen erwachsen aktienrechtliche Einflußpotentiale auf andere Unternehmen. Dadurch steigt die Wahrscheinlichkeit der Beherrschung und damit die des rücksichtsvollen Verhaltens im Gütermarktwettbewerb (siehe auch Kapitel 6.4.2.1.). Eine Beherrschung einer Gesellschaft durch ein anderes Unternehmen ist meist schon weit unter der dafür gesetzlich definierten Hürde von 50% zu erwarten, weil sinkende Hauptversammlungspräsenzen zu beobachten sind.

(2) Die teilweise kunstvollen Ringverflechtungen zwingen potentielle „Raider" dazu, in allen beteiligten Unternehmen Mehrheiten oder Einfluß gewinnen zu müssen. Dies läßt die Kosten für eine Übernahme prohibitiv werden. Der MFU ist damit für viele wichtige Finanz- und Industrieunternehmen nahezu funktionsunfähig geworden[80]. Diese „Flucht vor Kontrolle bei der Verwendung von Ressourcen in volkswirtschaftlichen Größenordnungen" (*Adams* 1990a, S. 71) widerspricht einer „Wirtschaftsverfassung des Wettbewerbs". Deshalb verdienen Vorschläge für die Offenlegung des Anteilsbesitzes[81] oder für das Verbot der unmittelbaren und mittelbaren wechselseitigen Beteiligungen Beachtung. Gleiches gilt für die etwas schwächere Forderung nach dem Verbot der Ausübung von Stimmrechten aus wechselseitigem Beteiligungsbesitz ab einer be-

---

78 Das häufig vorgebrachte Argument, die geringe Bedeutung des privaten Aktiensparens wäre sozialtypisch oder psychologisch bedingt (vgl. *Claussen* 1991, S. 11; *Westermann* 1991, S. 87 und 111), ist nicht überzeugend, wenn man nach den Ursachen fragt. Diese liegen in den aktienrechtlichen Defiziten im Vergleich zu anderen Anlagemöglichkeiten - insbesondere im Vergleich zu der besser abgesicherten Gläubigerposition. Siehe dazu auch Kapitel 6.2.

79 In diese von der *Monopolkommission* (1994, S. 215) angestellten Untersuchung sind auch Unternehmen anderer Rechtsformen einbezogen. Die *OECD* ermittelte, daß bei 65% deutscher Unternehmen Mehrheitsbeteiligungen vorliegen (*o. V.* 1995). Nach *Burgmaier* und *Werner* (1994, S. 89) befinden sich nur 17% der Aktien in Streubesitz.

80 Vgl. dazu *Adams* (1994a, S. 149); *SPD* (1995, S. 332f.); *Wenger* (1995, Sp.1414).

81 *Jens* (1994, S. 332) und *Adams* (1994b, S. 78) fordern die Offenlegung ab DM 100 Mio. oder höchstens 3% des Grundkapitals.

stimmten Beteiligungsschwelle. Der diesbezügliche Vorschlag, die Stimmrechtsausübung bei wechselseitigen Beteiligungen ab einer Höhe von 3% des Grundkapitals zu verbieten (SPD 1995, S. 332), ist bis 1998 in Regierungskreisen (*Uldall* 1994, S. 339) und bei Verbänden (*BDI* 1995a, S. 3) auf wenig Gegenliebe gestoßen.

Das schließlich verabschiedete Gesetz verlangt nunmehr die Offenlegung von Beteiligungen ab 5% und verbietet die Stimmrechtsausübung der zweiten Gesellschaft bei der Wahl von Mitgliedern des Aufsichtsrats der ersten ab einer Beteiligunshöhe von 25% gänzlich[82], was allerdings vielen Kommentatoren als eine noch zu großzügige Beteiligungsschwelle erscheint (u. a. *Baums* 1997, S. 34; *Kübler* 1997, S. 51; *Lutter* 1997, S. 53).

6.2. Institutionalisierter Gläubigerschutz als Problem

Ein weiteres zunehmend in die Kritik geratenes Problemfeld des deutschen Aktienrechts ist das Prinzip des Gläubigerschutzes. Neben dem Verbot von nennwertlosen Aktien[83] betrifft dies vor allem die Rechnungslegung und die Frage der Einlagenrückgewähr durch den Rückkauf eigener Aktien.

6.2.1. Rechnungslegung

6.2.1.1. Rechungslegungspraxis

Schon bei Inkrafttreten der Reform des AktG von 1965 herrschte unter Praktikern die Ansicht vor, daß die Möglichkeit zur undurchsichtigen Bildung und Auflösung stiller Reserven durch die Bilanzierungsvorschriften zwar eingeschränkt, nicht jedoch beseitigt wurde (*Schulte* 1988, S. 42). So ist es auch wenig verwunderlich, daß deutsche Unternehmen die weiterhin vielfältigen Bewertungs- und Abschreibungswahlrechte[84] gerne nutzen, um Gewinne zu glätten oder kontinuierliche Dividendenpolitik[85] zu betreiben[86]. Auch die „gläsernen Taschen" sind bestenfalls aus „Milchglas" (*Kropff* 1991, S. 29), da die Angaben im Bilanzanhang und im Geschäfts- oder Lagebericht oft als lästige Pflicht

---

82 Dies stellt die Erweiterung des bisherigen § 328 AktG dar, wonach nur die Stimmrechte oberhalb von 25% erloschen sind. Jetzt verliert das Unternehmen, das Beteiligungen über 25% hält, seine gesamten Stimmrechte bei der Aufsichtratswahl. Der § 19, der die Beteiligungsschwelle festlegt, bleibt dagegen unberührt.

83 Das Verbot der nennwertlosen Aktie oder Stückaktie besteht nicht mehr. Das vor dem Hintergrund der „Euroumstellung" erlassene Stückaktiengesetz vom 1.4.1998 läßt auch nennwertlose Aktien zu. Aktien können seitdem auch auf einen bestimmten Anteil am Grundkapital lauten. Nach einer Umfrage des *DAI* (1998b) wollen 79% der befragten Unternehmen Stückaktien einführen.

84 Insbesondere die umgekehrte Maßgeblichkeit der Steuerbilanz für die Handelsbilanz als Spezifikum des deutschen Bilanzrechts (vgl. dazu *Wöhe* 1993, S. 1076ff.) sorgt hier für ungeahnte Freiheiten, die Unternehmen nach Bedarf „arm" bzw. „reich" zu rechnen.

85 Die „kontinuierliche" Dividendenpolitik wird gerne mit dem Argument verteidigt, sie diene der Reduktion von Unsicherheit und würde so potentielle Investoren anlocken (*o. V.* 1996k).

86 Siehe dazu *Küting* (1996); *O. V.* (1996k); *Ordelheide* (1995, S. 92f.)

empfunden und gesetzliche Lücken gerne ausgenutzt werden, um die wirtschaftliche Lage der Gesellschaft zu verschleiern (*Schulte* 1988, S. 44f.; *Busse von Colbe* 1995, S. 382)[87] und so dem Kapitalmarkt und dem MFU unzureichende Informationen zur Verfügungen zu stellen (*Nick* 1991, S. 875). Während allerdings die aus dem Umgang mit den gesetzlichen Möglichkeiten entstehende restriktive Informationspolitik noch als Mentalitätsproblem aufgefaßt werden kann (die Aktionäre werden nicht als die entscheidenden Adressaten der Rechnungslegung begriffen), liegt die eigentliche Problematik im gesetzlich institutionalisierten Gläubigerschutz der Bilanzierungsvorschriften.

6.2.1.2. Paternalistischer Gläubigerschutz

In Bewertungsfragen orientiert sich das AktG am Gebot der kaufmännischen Vorsicht, das auf die Grundsätze ordnungsgemäßer Buchführung (GoB) zurückgeht: Zum Zweck des Gläubigerschutzes werden generell die Aktiva unter- und die Passiva überbewertet. Damit wird der Gewinn zugunsten einer höheren stillen Rücklage geschmälert und die wahre Vermögenssubstanz verschleiert (*Kübler* 1995, S. 552f.). Die entsprechenden Bewertungsvorschriften des AktG von 1965 sind weitgehend in das Bilanzrichtliniengesetz von 1985 und damit in das Handelsgesetzbuch (HGB) eingeflossen. Befürworter dieser Regelung deuten dies gewöhnlich dahingehend, daß sie sich überwiegend bewährt habe (*Kropff* 1991, S. 29ff.). An dieser positiven Einschätzung sind bei einem Vergleich mit dem amerikanischen Rechnungslegungsverständnis nach US-GAAP[88] durchaus Zweifel angebracht.

Entgegen der deutschen Bewertungspraxis, die den Entzug von Kapital aus dem Marktvorgang mit der Notwendigkeit der Rücklagenbildung zum Schutz der Gläubiger rechtfertigt[89], ist in den USA das vorrangige Ziel die Marktinformation. Durch Übermittlung entscheidungsrelevanter Informationen an Aktionäre, potentielle Investoren und Gläubiger soll gleichzeitig die Kontroll- und Allokationsfunktion der Kapitalmärkte gestärkt werden (*Küting* 1996). Mit diesem Grundgedanken, der im Sinne des „true and fair view" auf die realistische Einschätzung der Vermögens- und Ertragslage des Unternehmens abzielt[90], ist ein völlig anderes Verständnis des Gläubigerschutzes verbunden[91].

---

87   *Kallfass* (1992a, S. 301f.) weist mit Recht darauf hin, daß dieses Vorgehen die asymmetrische Informationsverteilung zwischen Aktionären und dem Vorstand noch steigert.
     In welchem Ausmaß deutsche Unternehmen mit den Bilanzen jonglieren, zeigt eine Studie von *Claßen*, *Enzweiler* und *Hillebrand* (1996). Von 200 untersuchten Konzernen rechneten sich 80 mit ihrer Bilanz „reich" (höhere ausgewiesene Gewinne als die Ertragslage erlauben würde) und 66 „arm" (niedrigere ausgewiesene Gewinne). Die Qualität der Berichterstattung (Angaben zur GuV-Rechnung und Bilanz, freiwillige Sonderinformationen, Lagebericht) konnte sogar nur in 13 Fällen als kapitalmarktorientiert bezeichnet werden.
88   GAAP ist die Abkürzung für „Generally Accepted Accounting Principles".
89   Auf andere Schwächen der deutschen Rechnungslegung, insbesondere im Verhältnis Handels- und Steuerbilanz, kann hier nicht eingegangen werden (siehe dazu *Busse von Colbe* 1995, S. 383ff.).
90   Welche Unterschiede sich daraus für den Gewinn ergeben, zeigt das Beispiel Daimler Benz AG. Für das Berichtsjahr 1993 ergab sich nach HGB ein Ergebnis von plus DM

Gläubiger werden nicht wie im deutschen Recht als „Objekte paternalistischer Fürsorge", sondern als normale rationale Marktteilnehmer behandelt. Der „informationelle" Schutz, der den Gläubigern das gleiche Interesse an gehaltvollen Informationen zubilligt wie den Aktionären, tritt an die Stelle des deutschen Konzepts des „institutionellen" Gläubigerschutzes (*Kübler* 1995, S. 554f., S. 560; *Baetge* und *Thiele* 1997, S. 17f.).

6.2.1.3. Reformanliegen

Obwohl das deutsche Konzept hinsichtlich der Versorgung des Kapitalmarktes mit Informationen und anlagebereitem Kapital grundsätzlich schlechter abschneidet, war dies lange Zeit deshalb kein Reformgrund, weil in der überdimensionierten Rücklagenbildung gleichzeitig eine Anpassungsreserve für die Bewältigung des Strukturwandels gesehen wurde[92]. Diese Position gerät angesichts zunehmender Internationalisierung der Finanz- und Gütermärkte jedoch ins Wanken. Je mehr deutsche Unternehmen ihre Aktienemissionen international plazieren bzw. die Attraktivität ihrer Aktien steigern wollen, desto mehr müssen sie auf die Vergleichbarkeit ihrer Jahresabschlüsse Wert legen (*Claßen, Enzweiler* und *Hillebrand* 1996, S. 46). Damit gewinnen die Standards der Rechnungslegung einen Wettbewerbsvorsprung, die den potentiellen Anlegern (insbesondere Großinvestoren) die besten Informationen bieten und breite Anerkennung finden. US-GAAP und IAS[93] sind solche Rechnungslegungstandards. Sie schränken die Möglichkeiten zur Gewinn- und Dividendenglättung grundsätzlich ein, wodurch die Bilanzen für die Kapitalmarktakteure aussagefähiger werden. Weil zudem für die Notierung im neuen deutschen Börsensegment „Neuer Markt" IAS (oder US-GAAP) verpflichtend ist und immer mehr deutsche Unternehmen bereits Konzernbilanzen nach IAS oder US-GAAP aufstellen, sich also ein Einstellungswandel bemerkbar macht (*Busse von Colbe* 1995, S. 375f., S. 379; *Küting* und *Lorson* 1999)[94], ist es kaum verwunderlich, daß das Kapitalaufnahmeerleichterungsgesetz vom 24. April 1998 die Kon-

---

615 Mio., nach US-GAAP dagegen ein Ergebnis von minus DM 1,8 Milliarden (*Claßen, Enzweiler* und *Hillebrand* 1996, S. 48).

Beisse (1993, S. 92) interpretiert solche Veränderungen im ausgewiesenen Gewinn anders: Auch wenn anerkannt werden könne, daß das „True and fair view"-Prinzip primär auf die Kapitalmarktanleger und Aktionäre zugeschnitten sei, so führe dies dazu, daß die Aktiva erhöht und die Passiva vermindert ausgewiesen werden. Das Ergebnis sei demnach ein überhöhter Gewinnausweis.

91 In das Bilanzrichtliniengesetz sind zwar auch die anglo-amerikanischen Vorstellungen vom „true and fair view" eingegangen, jedoch werden diese von dem Gläubigerschutzgedanken eindeutig in den Hintergrund gedrängt. Der „true and fair view"-Gedanke ist vor allem für den Lagebericht und den Bilanzanhang anerkannt (*Beisse* 1993, S. 90f.).

92 Vgl. dazu *Kropff* (1991, S. 30ff.). An dieser Stelle wird allerdings die volkswirtschaftliche Argumentation völlig umgedreht. Nicht das Einbehalten von Gewinnen in eventuell unproduktiven Unternehmen und Industriezweigen fördert den Strukturwandel, sondern die möglichst umfangreiche Ausschüttung, so daß die Marktkräfte über die Lenkung von Ressourcen entscheiden können. Siehe Kapitel 7.1.

93 IAS ist die Abkürzung für „International Accounting Standard".

94 Die Hoechst AG 1996 hatte als erstes großes deutsches Unternehmen im Vorfeld des Börsengangs in New York die amerikanischen Rechnungslegungsvorschriften (US-GAAP) der Börsenaufsicht anerkannt (*o. V.* 1996n).

zernrechnungslegung nach IAS oder US-GAAP auch in Deutschland erlaubt. Nach *Busse von Colbe* (1995, S. 373f.) kommt dies einem Paradigmenwechsel gleich: „Von der primären Zielsetzung der Ermittlung des steuer- und ausschüttbaren Gewinns nach dem Grundsatz des Gläubigerschutzes auf Basis des Vorsichtsprinzips zur primären Zielsetzung einer fairen Information der Kapitalmarktteilnehmer nach dem Grundsatz des Aktionärsschutzes auf Basis einer entscheidungsrelevanten Bilanzierung". Dies ist auch dringend notwendig, wenn man bedenkt, daß das heutige deutsche Bilanz- und Aktienrecht ungefähr dem amerikanischen vom Anfang dieses Jahrhunderts entspricht (*Kübler* 1994).

Allerdings warnt *Schildbach* (1999a, b) bei dieser Beurteilung vor voreiligen Schlüssen bezüglich der Überlegenheit von angloamerikanischen Rechnungslegungsstandards: So besitzt US-GAAP ausschließlich für börsennotierte Unternehmen mit großem Aktionärskreis Gültigkeit. Außerdem bestehen dort ebenfalls - wenn auch versteckter - Bewertungsspielräume für bilanzpolitische Maßnahmen. Die derzeit sehr positive Bewertung von US-GAAP (und auch von IAS) führt er im wesentlichen auf den „Reiz des Neuen" und politökonomische Motive in den Reihen derer zurück, die für die Definition von Rechnungslegungsstandards verantwortlich sind.

Fest steht jedoch, daß die deutsche Rechnungslegung gerade für börsennotierte Gesellschaften mit einem großen Aktionärskreis unter erheblichen Funktionsdefiziten leidet. Dies ist schon daran zu erkennen, daß deutsche Standards für die Kapitalaufnahme an angloamerikanischen Börsen nicht anerkannt werden. Deshalb ist die durch das KonTraG eröffnete Möglichkeit, amerikanische Standards für die Konzernrechnungslegung zu verwenden, der richtige Weg. Daß auch diese Standards der wissenschaftlichen Analyse unterzogen werden müssen, um etwaige Mißstände zu beseitigen und positive Erfahrungen des deutschen Bilanzrechts zu integrieren, ist selbstverständlich.

6.2.2. Die Frage des Rückkaufs eigener Aktien

Die Begründung des § 71 AktG, der grundsätzlich den Rückkauf eigener Aktien durch ein Unternehmen verbietet[95], betont ebenfalls den Gedanken des Gläubigerschutzes: Neben unsicheren Vermögenspositionen würde über diese Art der Einlagenrückgewähr die Haftungsmasse reduziert. Die Krisenanfälligkeit des im Extremfall eigentumslosen Unternehmens würde unnötig erhöht (*Claussen* 1991, S. 13; *Kropff* 1965, S. 90). Außer diesem Argument werden in der heutigen Diskussion vor allem zwei mögliche volkswirtschaftliche Risiken des Rückkaufs eigener Aktien genannt. Zum einen sinke die Eigenkapitalquote; hierdurch nehme das Zusammenbruchrisiko des Unternehmens zu (*BDI* 1996a, S. 14). Zum anderen eigne sich der Rückkauf generell zur Steuerung des Aktionärskreises, auch mit dem Ziel, wertsteigernde feindliche Übernahmen abzuwehren (*BDI* 1996a, S. 13f.; *o. V.* 1996d; *Claussen* 1991, S. 13).

Wenn auch diese Risiken nicht ganz von der Hand zu weisen sind, so scheinen doch die Vorteile in bezug auf die Finanzierungsseite des Kapitalmarktes zu überwiegen. Mit

---

95 Durch die teilweise Umsetzung der EG-Richtlinie von 1976 sind mittlerweile deutlich mehr Ausnahmetatbestände vorgesehen, die in den §§ 71a-e AktG geregelt sind.

dem Rückkauf eigener Aktien erhält die Gesellschaft ein Äquivalent zur Dividendenzahlung in die Hand, mit dem besonders außerordentliche Gewinne und ein überschüssiger „Free Cash Flow" ausgeschüttet werden könnten[96]. So könnten nicht nur umfangreiche freie Mittel zur Anlage auf die Kapitalmärkte gelangen, mit der flexiblen Handhabung dieses Instruments ließe sich auch die Emissionsneigung deutscher Unternehmen steigern; andere Finanzierungsformen würden zurückgedrängt (*BDI* 1996a, S. 3f. und 15; *o. V.* 1996k)[97]. Weil zudem die Erfahrungen besonders in den USA gezeigt haben, daß der Rückkauf in aller Regel kurs- und renditesteigernd wirkt, der internationale Standortwettbewerb sowieso eine Angleichung der Regelungen verlangt und eventuelle negative Effekte durch entsprechende gesetzliche Regelungen deutlich gedämpft werden können (*BDI* 1996a, S. 5ff.), ist die Rückkaufmöglichkeit aus der Sicht der Kontrolleffizienz der Kapitalmärkte positiv zu bewerten.

Dieser Einschätzung folgt auch die neue gesetzliche Regelung auf der Basis einer EG-Richtlinie von 1976, die einen Rückkauf von Aktien über die Börse bis maximal 10% des Grundkapitals unter vorheriger Genehmigung durch die HV und bei weitgehender Publizität sowie Ausschluß der Stimmrechte erlaubt (*Lingemann* und *Wasmann* 1998, S. 860f.).

6.3. Stimmrechtsbeschränkende Regelungen

Während der institutionalisierte Gläubigerschutz vor allem die Informationsgrundlage und die Finanzierungsfunktion des deutschen Kapitalmarktes hemmt, gelten stimmrechtsbeschränkende Maßnahmen als zentrale Behinderungen des MFU.

6.3.1. „One Share-One Vote" als Referenzmaßstab

Die Abstimmungsprozesse der Aktionäre in der Hauptversammlung sind ein wichtiger interner Kontrollmechanismus der Managementtätigkeit. Die Frage ist, ob im Hinblick auf die Kontrolleffzienz des MFU dabei jeder Aktie die gleiche Stimmberechtigung eingeräumt werden sollte. Hierzu existiert eine Untersuchung von *Grossmann* und *Hart*, auf die sich *Adams* (1990a, S. 67ff.) bezieht: Ausgangspunkt der Überlegungen ist die Annahme, daß zwar für alle Aktien die gleichen Ertragsrechte (Dividende und Kurs) gelten, aber nur ein Teil der Aktien mit entsprechenden Stimmrechten ausgestattet ist. Für die Kontrollausübung über das Unternehmen wird unterstellt, daß dazu alle Aktien mit Stimmrechten (also 100%) notwendig wären. Ferner wird angenommen, daß das amtierende Management und eventuell auch das Management oder die Aktionäre einer übernehmenden Gesellschaft zusätzlich zu den Dividendenrechten private Vorteile (z. B. Konsum am Arbeitsplatz) aus ihrer Tätigkeit, ihrer Position oder ihrem Verhalten

---

96 Von zweifelhafter Stichhaltigkeit erscheinen allerdings die betriebswirtschaftlichen Argumente der Kurspflege oder des Abwehrens einer spekulativen Unterbewertung mit dem Ziel, die Attraktivität der Aktien zu steigern (*BDI* 1996b, S. 2). Dies setzt entweder die Kenntnis über die volkswirtschaftlich „richtige" Bewertung voraus oder kommt der bewußten Manipulation von Marktergebnissen zumindest nahe.

97 Weitere Argumente finden sich in *BDI* (1996a, S. 2).

erzielen könnten, die auch einen durch sie verursachten geringeren Ertrag der Aktien ausgleichen würden.

Zur Absicherung ihrer Vorteile wäre es rational, die Aktien mit Stimmrechten auch zu Preisen über dem aktuellen Marktwert aufzukaufen - und zwar solange per Saldo ein privater Vorteil verbleibt[98]. Die Realisation eines solchen privaten Vorteils ist erschwert, wenn alle Aktien neben dem gleichen Dividendenrecht auch das gleiche Stimmrecht besitzen (One Share-One Vote). Ein großer Anteil „One Share-One Vote"-Aktien erschwert es damit dem „Raider", wertmindernde Übernahmen durchzusetzen. Umgekehrt wird es für ein amtierendes Management schwieriger, wertsteigernde feindliche Übernahmen zu verhindern[99].

6.3.2. Die Diskussion um die Höchststimmrechte

Das AktG von 1965 durchbricht mit der Zulässigkeit von Höchst- und Mehrfachstimmrechten das „One Share-One Vote"-Prinzip und erlaubt damit die Trennung der Stimmrechtswerts vom Kapitalbeteiligungsgrundsatz. Während sich Höchststimmrechte durch Hauptversammlungsbeschluß einführen lassen (§ 134 AktG), bedürfen Mehrfachstimmrechte einer ministeriellen Erlaubnis (§ 12 AktG). Mehrfachstimmrechte gewähren dabei einen im Verhältnis zum Kapitalanteil höheren Stimmenanteil; Höchststimmrechte begrenzen den Stimmenanteil unabhängig vom Kapitalanteil auf eine bestimmte Höhe. Wegen der geringen Bedeutung der Mehrfachstimmrechte beschränken sich die folgenden Ausführungen auf die wesentlich wichtigeren Höchststimmrechte.

6.3.2.1. Die Position der Kritiker von Höchststimmrechten

Für eine Reihe bedeutendster deutschen Aktiengesellschaften wurden Höchststimmrechte nachträglich zum Teil unter erheblichem Einfluß der Banken eingeführt. Kritiker sehen darin eine bewußte Maßnahme, die Kontrolle durch den Kapitalmarkt im allgemeinen und des MFU im speziellen auszuschalten[100]. Zusätzlich wird die Allokationsfunktion des Kapitalmarktes geschwächt, da der *mittelbare* Ausschüttungszwang für den „Free Cash Flow" entfällt und die Selbstfinanzierung der Unternehmen tendenziell erleichtert wird[101]. Außerdem bleiben aufgrund der mangelnden Attraktivität der mit Hilfe

---

98 Vgl. dazu auch *Schüller* (1979, S. 335ff.).
99 In der Realität findet sich keine Mehrheitsregel, die 100% der Stimmen für die Kontrollausübung verlangt. Eine einfache Mehrheitsregel (50%) für die Abstimmungsprozesse der Hauptversammlung ist am sinnvollsten, weil so weder dem amtierenden Management noch dem „Raider" relative Vorteile eingeräumt werden und auch die für unternehmerische Initiative notwendige Entscheidungsfreiheit nicht in übertriebenem Maße zum Schutz von Minderheiten eingeengt wird (*Adams* 1990a, S. 69).
100 Bei einer Beschränkung der Stimmrechte auf beispielsweise maximal 5% des Stimmenanteils ist wohl kaum noch davon auszugehen, daß übernehmende Gesellschaften ihre Ziele wirkungsvoll durchsetzen können.
101 *Zöllner* und *Noack* (1991, S. 123f.) halten den mittelbaren Ausschüttungszwang durch den MFU für unvereinbar mit dem Konzept der „gläsernen, aber verschlossenen Taschen". Auch entstehe dadurch, daß die Merkmale der Aktien mit Einführung der Höchststimmrechte verändert werden und damit ihr Handel weniger interessant wird, keine Schädigung des Kapitalmarktes.

von Höchststimmrechten geschützten potentiellen Übernahmekandidaten mögliche kurssteigernde oder zumindest stabilisierende Wirkungen infolge der Drohwirkung des MFU aus (*Baums* 1990, S. 226ff.)[102].

6.3.2.2. Die Position der Befürworter von Höchststimmrechten

Befürworter der Höchststimmrechte gehen dagegen in der Regel von einem Marktversagen des MFU aus, wobei überwiegend den Standardargumenten der Theorie gefolgt wird. Positive Wirkungen auf den Kapitalmarkt werden bestritten (*Zöllner* und *Noack* 1991, S. 121ff.). Aktionäre werden für kurzsichtig gehalten. Dies führe dazu, daß Unternehmen tendenziell Investitionen tätigen würden, die den Kurs der Aktie kurzfristig beeinflussen, nicht jedoch langfristig die beste Alternative seien. Zudem werden immer wieder legitime Interessen an einem präventiven Schutz vor Konzernierung oder vor räuberischer Übernahme vorgeschoben, um Höchststimmrechte zu rechtfertigen. Hierzu wird auf negative Konzentrationswirkungen der Konzerneingliederung hingewiesen. Die Verhinderung von Übernahmen sei notwendig, um „innere" Überfremdungen, Abhängigkeitsverhältnisse und verdeckte Ausschüttungen zu vereiteln. Außerdem gelte es, die auf dem Bruch impliziter Verträge oder der Übervorteilung der verbleibenden Aktionäre beruhenden „Takeovers" zu verhindern (vgl. dazu *Adams* 1990a, S. 72f.; *Baums* 1990, S. 232-236).

Neben diesen grundsätzlichen Aussagen zugunsten von Höchststimmrechten findet sich noch eine Reihe weiterer Überlegungen[103], von denen allerdings nur dem Argument der „äußeren" Überfremdung eine gewisse Bedeutung zukommt. Danach müßte die Unternehmensleitung bzw. die Hauptversammlung bei der Existenz eines feindlichen Übernahmeangebots aus dem Ausland die Möglichkeit haben, dieses aus volkswirtschaftlichen oder sicherheits- bzw. energiepolitischen Überlegungen zu verhindern (vgl. dazu *Baums* 1990, S. 222).

6.3.3. Die Frage der Abschaffung

Aus dieser gegensätzlichen Einstellung zu stimmrechtsbeschränkenden Maßnahmen und MFU ergeben sich entsprechende Reformpositionen:

Befürworter der Beibehaltung von Höchststimmrechten verweisen dabei zusätzlich auf die „Unmöglichkeitsthese", wonach das Höchststimmrecht wegen vielfältiger Umgehungsmaßnahmen sowieso keinen ausreichenden Schutz vor feindlichen Übernahmen bietet (vgl. dazu *Weimar* und *Breuer* 1991, S. 2309, Fn. 2; *Herkenroth* 1994, S. 97). Darum bestehe auch kein Grund zur Abschaffung. Darüber hinaus bedeute ein eventuelles Verbot einen Eingriff in die Satzungsautonomie der AG (*Zöllner* und *Noack* 1991,

---

102 Nach *Adams* (1990a, S. 72) geht mit der Einführung von Höchststimmrechten üblicherweise sogar eine Verringerung des Unternehmens- und Aktienwerts einher, so daß sich eine nicht mehr zu verhindernde Schädigung der Aktionäre einstellt, der diese „[...] bei gesundem Verstande und klarem Verständnis der Sachlage kaum zustimmen würden".

103 Zur Fülle der Argumente und Gegenargumente siehe *Baums* (1990).

S. 119); die Entscheidung über Beibehaltung, Abschaffung oder Einführung sollte somit weiter dem freien Willen der Aktionäre überlassen bleiben (*Westermann* 1991, S. 108).

Nun steht aber die Satzungsautonomie nach dem AktG von 1965 weitgehend unter dem Einfluß von Vorstand und Banken, vor allem im Hinblick auf das Depotstimmrecht (siehe hierzu folgendes Kapitel). Hinzu kommt für die Aktionäre großer Publikumsgesellschaften das Problem des kollektiven Handelns und des Trittbrettfahrertums (*Adams* 1990a, S. 75f.). Deshalb ist mit einer die Aktionäre schützenden Entscheidung kaum zu rechnen. Außerdem rechtfertigen eventuell negative Konzentrations- und Wettbewerbswirkungen von Übernahmen nicht deren generelle Einschränkung durch das Konzern- und Aktienrecht und der dadurch definierten Organe. Für die Beurteilung von Fusionen und Übernahmen ist das Wettbewerbsrecht maßgeblich. Ähnliches gilt für das Argument der „äußeren Überfremdung": Es ist nicht Aufgabe der Organe einer AG, hoheitliche Ziele in eigener Regie wahrzunehmen (*Baums* 1990, S. 240ff.).

Zusammenfassend ergibt sich aus diesen Überlegungen, daß die Abschaffung der Stimmrechtsbeschränkungen zumindest für börsennotierte Gesellschaften wegen ihrer Bedeutung für die Funktionsweise des MFU unbedingt erforderlich ist, um deutsche Unternehmensleitungen dem „Gespenst des Wettbewerbs" (*Adams* 1990a, S. 78) auszusetzen. Dieser fundamentalen Erkenntnis folgt auch das KonTraG, das die Abschaffung von Höchst- und Mehrfachstimmrechten unter Beibehaltung einer Übergangszeit von zwei und fünf Jahren vorschreibt[104].

6.4. Macht der Banken

6.4.1. Die aktienrechtlichen Einflußmöglichkeiten

Bei den Fragen der Stimmrechtsbeschränkungen, der Rechnungslegung und der wechselseitigen Beteiligungen bestand im großen und ganzen in der Reformdebatte ein relativ breiter Konsens. Dies kann für die mittlerweile 40 Jahre währende, öffenlichkeitswirksame Diskussion um die „Macht der Banken" kaum behauptet werden.

Den Ausgangspunkt dieser Debatte bilden neben den banküblichen Geschäfts- und Kreditbeziehungen vor allem die aktienrechtlichen Einflußpotentiale der Kreditinstitute auf Nichtbankenunternehmen.

---

104 Die Abschaffung der Höchststimmrechte gilt jedoch nur für börsennotierte Gesellschaften. Hiermit soll für kleinere, nicht börsennotierte Aktiengesellschaften der Einfluß von eventuellen Gründerfamilien gesichert bleiben.
Als direkten Effekt auf den Aktienkurs konnte man am Tag der Bekanntgabe der entsprechenden Pläne deutliche Kurssteigerungen bei den besonders von den Höchststimmrechten betroffenen Energie-Werten und der Volkswagen AG beobachten (*o. V.* 1996m). Dies stützt die These von kursdrückenden Effekten der Stimmrechtsbeschränkungen.
Die geplante Änderung des VW-Gesetzes, das unter anderem den Einfluß des Landes Niedersachsen mit Hilfe einer Höchststimmrechtsregelung sichert, wurde aber kurz vor der Verabschiedung des KonTraG noch zurückgenommen.

(1) Deutsche Banken besitzen im internationalen Vergleich in bezug auf Zahl, Umfang und Stetigkeit hohe *Kapitalbeteiligungen*. Daraus erwachsen ihnen volle Aktionärsrechte in den Hauptversammlungen dieser Unternehmen (*Böhm* 1992, S. 51)[105].

(2) Die zweite Säule des Bankeneinflusses besteht in der treuhänderischen Ausübung der Stimmrechte aus den von den Banken verwalteten Wertpapierdepots mit Hilfe des *Depotstimmrechts*. Insbesondere der über dieses Instrument ausgeübte Bankeneinfluß auf Unternehmen in mehrheitlichem Streubesitz wird durch einige Studien belegt. Stellvertretend sei hier die Untersuchung von *Baums* und *Fraune* (1995) erwähnt, die für eine Stichprobe der 24 nach Wertschöpfung größten im Streubesitz befindlichen Unternehmen einen durchschnittlichen Depotstimmenanteil von 61% der auf den Hauptversammlungen vertretenen Stimmen ermittelt haben.

Tabelle 5: Stimmgewicht der Banken (in Prozent der vertretenen Stimmen)

Unternehmen	HV-Präsenz	Eigenbesitz	abhängige Investmentfonds	Vollmachtstimmen	Summe
Siemens	52,66		9,87	85,61	95,48
Volkswagen	38,27		8,89	35,16	44,05
Hoechst	71,39		10,74	87,72	98,46
BASF	50,39	0,09	13,61	81,01	94,71
Bayer	50,21		11,23	80,09	91,32
Thyssen	67,66	6,77	3,62	34,98	45,37
VEBA	53,40		12,62	78,23	90,85
Mannesmann	37,20		7,76	90,35	98,11
Deutsche Bank	46,79		12,41	82,32	94,73
MAN	72,09	8,67	12,69	26,84	48,20
Dresdner Bank	74,59		7,72	83,54	91,26
Preussag	69,00	40,65	4,51	54,30	99,46
Commerzbank	48,23		15,84	81,71	97,55
VIAG	69,68	10,92	7,43	30,75	49,10
Bayr. Vereinsbank	55,95		11,54	73,15	84,69
Degussa	73,26	13,65	8,65	38,35	60,65
AGIV	69,96	61,19	15,80	22,10	99,09
Bayr. Hypthekenbank.	68,87	0,05	10,69	81,38	92,12
Linde	60,03	33,29	14,68	51,10	99,07
Deutsche Babcock	37,30	3,22	11,27	76,09	90,58
Schering	37,42		19,71	74,79	94,50
KHD	69,90	59,56	3,37	35,03	97,96
Bremer Vulkan	52,09		4,43	57,10	61,53
Strabag	67,10	74,45	3,62	21,21	99,28
Durchschnitt	**58,06**	**13,02**	**10,11**	**60,95**	**84,09**

Quelle: *Baums* 1996a, S. 11f.

Zusammen mit den Stimmen aus Eigenbesitz ergibt sich für 17 Unternehmen eine qualifizierte und für weitere 3 Unternehmen eine einfache Hauptversammlungsmehrheit durch Banken (*Baums* 1996a, S. 11f.; siehe auch Tabelle 5)[106].

---

105 Zu verschiedenen Berechnungsmethoden und Zahlenangaben vgl. *Mülbert* (1996, S. E16ff.) mit weiteren Nachweisen.

106 Mit den Anteilen aus bankeigenen Kapitalanlagegesellschaften wird dies noch deutlicher. Siehe dazu ausführlich *Baums* und *Fraune* (1995).

(3) Die von Bankvertretern eingenommenen *Aufsichtsratssitze*, insbesondere die des Aufsichtsratsvorsitzenden, bilden das dritte aktienrechtliche Einflußpotential. Hier ist die Grundlage für die hohe personelle Verflechtung deutscher Unternehmen zu suchen (siehe dazu Kapitel 6.5.). Belegt durch eine Reihe von Studien halten Bankvertreter etwa ein Drittel aller Aufsichtsratssitze (*Mülbert* 1996, S. E20ff.). Für die im DAX-30 notierten Gesellschaften kommt *Hansen* (1994, S. R78) zu dem Ergebnis, daß jedes vierte Mitglied des Aufsichtsrats und 40% aller Vorsitzenden von Aufsichtsräten von Bankenseite gestellt werden[107].

6.4.2. Grundkonflikt: „Schädliche Macht" versus „Bewährter Einfluß"

In der Diskussion um den Bankeneinfluß über Beteiligungsbesitz, Depotstimmrechte und Aufsichtsratssitze werden einerseits die positiven Effekte der Kreditinstitute für das System der „Corporate Governance" hervorgehoben („Bewährter Einfluß").

Kritiker der Rolle der Kreditinstitute betonen demgegenüber, daß den Banken durch die Einflußmöglichkeiten ein schädliches Machtpotential erwachse („Schädliche Macht"). Als ordnungspolitisch besonders bedenklich gilt das gleichzeitige Zusammentreffen der drei aktienrechtlichen Einflüsse (Kumulationsthese).

6.4.2.1. „Schädliche Macht"

Unterstellt man den Banken in allen drei Fällen geschäftliche Interessen, so ergeben sich eine Reihe von Problemen für Wettbewerb, Kapitalmarktfunktion und (Klein-) Aktionäre.

(1) *Wettbewerbliche Konsequenzen* entstehen zunächst dadurch, daß stark bankbeeinflußte Unternehmen einen erleichterten Zugang zu Krediten haben können. Sie besitzen damit einen strukturellen Vorteil gegenüber ihren Konkurrenten. Für junge Unternehmen kann dies - obwohl sie eine stärkere Innovationskraft besitzen - einer Marktzutrittsschranke gleichkommen[108]. Besitzt die gleiche Bank Aufsichtsmandate in konkurrierenden Unternehmen einer Branche, besteht die Gefahr, daß sich diese Unternehmen auf den Gütermärkten absprechen. Damit ist ein wettbewerbsdämpfender Effekt zu Lasten der Verbraucher zu befürchten. Schließlich begünstigen der hohe Einfluß einzelner (großer) Kreditinstitute auf Unternehmen und die damit verbundenen tiefen Geschäftsverbindungen Monopolisierungstendenzen im Interbankenwettbewerb um Großkunden und deren Zulieferer (*Böhm* 1992, S. 49ff., S. 53ff.).

---

107 Zusätzlich fällt die Dominanz der drei Großbanken auf. So ergeben sich aus Addition der Stimmrechte von Dresdner Bank, Deutscher Bank und Commerzbank häufig Sperrminoritäten und zum Teil auch einfache HV-Mehrheiten (*Baums* 1996a, S. 12; *Mülbert* 1996, S. E19f.). Gleiches gilt für die Dominanz im Aufsichtsrat, wobei hier zusätzlich die hohe personelle Konzentration bei den Personen der Bankvorstände auffällt (*Volkmann* und *Kronenberg* 1994, S. 482; *Böhm* 1992, S. 207ff.).

108 Nach *Lambsdorff* (1994, S. 336) dämpft so der Bankeneinfluß die Innovationsdynamik der Bundesrepublik. Bestätigung findet diese These in Studien der Monopolkommission und der OECD (*Lambsdorff* 1996).

(2) Im Hinblick auf die *Kapitalmarktfunktionen* wird erwartet, daß das Kreditgeschäft gegenüber Neuemissionen bevorzugt wird. Verringerte Eigenkapitalquoten und Zuflüsse zum Aktienangebot sind die Folge. Außerdem wird durch starre, größtenteils auf wechselseitigen Beteiligungen beruhenden Anteilseignerstrukturen die Kapitalmarktkontrolle geschwächt (*Jens* 1994, S. 332; *Mülbert* 1996, S. E24ff.). Verstärkt wird dies noch dadurch, daß feindliche Übernahmen bzw. die Abschaffung von übernahmebeschränkenden Maßnahmen (zum Beispiel der Höchststimmrechte) gegen den Willen der Kreditinstitute faktisch nicht durchsetzbar sind. So dürfte die Unterentwicklung des MFU in Deutschland auf die genannten Bankeneinflüsse zurückzuführen sein (*Lübbert* 1992, S. 124; *Wenger* 1992, S. 98f.).

(3) Schwache Kontrolle des Managements durch den Kapitalmarkt ist für die *Aktionäre* nachteilig. Diese entsprechen in ihrer Interessenlage typischerweise nicht dem Bankenwunsch nach optimaler Absicherung der Geschäftsbeziehungen und bestehender Kreditrisiken (*Prowse* 1995, S. 4). Daneben könnten Banken das Insiderwissen, das sie durch ihre engen Beziehungen zu den Unternehmen erwerben, dazu nutzen, Gewinne im Aktienhandel zu erzielen.

In der Summe wächst den Kreditinstituten aus den geschilderten Einflußmöglichkeiten die Rolle eines Koordinators von Investitionsentscheidungen (*Lambsdorff* 1996) zu, wodurch sie erheblichen Einfluß auf Kapitalallokation, Unternehmensentwicklung, Innovationsdynamik und andere Marktergebnisse erhalten.

6.4.2.2. Mögliche positive Effekte des Bankeneinflusses: Die These vom „Bewährten Einfluß"

6.4.2.2.1. Einschränkung der Machtthese

Wenn auch das Machtpotential von Bankenseite nicht bestritten wird (*BDB* 1994, S. 70), so richtet sich die Kritik vor allem gegen die Unterstellung des systematischen Mißbrauchs. Dabei wird auf die zentrale Stellung der Banken im Wirtschaftskreislauf und den hohen internationalen Wettbewerbsdruck ebenso hingewiesen, wie auf die große Bereitschaft, in Schwierigkeiten geratene Unternehmen zu sanieren. Wolle man den Forderungen nachgehen, die mit eher unrealistischen Nachteilsszenarien begründet werden, so käme letztlich nur eine Beseitigung des Universalbankensystems und der Großbanken in Frage (*Peltzer* 1996, S. 28).

6.4.2.2.2. Bindungscharakter der Kreditbeziehung als positiver Kontrolleinfluß

Unterstützung findet dieser Einwand im Rahmen der internationalen „Corporate Governance"-Diskussion. Dabei werden durch Gegenüberstellung des deutschen „bankenorientierten" und des angloamerikanischen „börsenorientierten" Systems[109] die

---

109 *Bankenorientierte* (kapitalmarktferne) Modelle der „Coporate Governance" zeichnen sich durch geringe Eigenkapitalquoten und eine enge Bindung zwischen Unternehmen und Banken mittels Krediten, umfangreichem Beteiligungsbesitz und durch personelle Verflechtungen aus. *Börsenorientierte* (kapitalmarktzentrierte) Muster besitzen dagegen

Vor- und Nachteile in bezug auf die Kontrolle von managergeleiteten Unternehmen analysiert (*Prowse* 1995; *OECD* 1995).

Ausgangspunkt für eine positivere Beurteilung der Kreditwirtschaft ist die Feststellung, daß die Kontrolle des Managements durch deutsche Kapitalmärkte wegen mangelnder Informationseffizienz, geringer Markttiefe, hoher Innenfinanzierung sowie niedrigem Konkurrenzdruck infolge konzentrierter Anbieter- und Nachfragerstrukturen ohnehin nicht effizient sei (*Münchow* 1995, S. 34-41, S. 46f.; *Prowse* 1995, S. 7)[110]. In einem so geprägten Umfeld werden den Banken positive Kontrolleinflüsse zugesprochen, die sich letztlich in verbesserten Möglichkeiten der Finanzierung und Durchführung langfristiger Investitionen und der Förderung von Forschungs- und Entwicklungsaufwendungen niederschlügen (*Mathis* 1992, S. 150).

In diesem Zusammenhang wird der Bindungscharakter der festen, dauerhaften Kreditbeziehungen hervorgehoben. Hierdurch sei das Management gezwungen, zumindest die Zins- und Tilgungsansprüche zu erwirtschaften und damit Konkursgefahren zu vermeiden (*Jensen* 1988, S. 29; *Mathis* 1992, S. 112ff.)[111]. Nach einer von *Münchow* durchgeführten transaktionskostenökonomischen Analyse unterschiedlicher Finanzierungsformen entspricht die Kombination „Kreditkapitalgeber und Depotstimmrecht" sogar einer idealtypischen Dequity-Beziehung. Hierbei werden die Transaktionskostenvorteile der Überwachung des Managements im Rahmen der Fremdkapitalfinanzierung seitens der Gläubigerbanken genutzt, ohne daß sie die hohen Einfluß- und Kontrollmöglichkeiten von Eigenkapitalfinanzierungen aufgeben müssen[112]. Dies erlaube es den Banken, mehr Kredite zu vergeben. Die hohe Fremdkapitalquote deutscher Unternehmen sei in diesem Fall als das Ergebnis einer effizienten Allokation von Ressourcen zu interpretieren (*Münchow* 1995, S. 242-244, S. 278, S. 280).

Insgesamt entstehe also den Banken ein positiver Kontrolleinfluß mit dem Charakter eines öffentlichen Guts („Managementkontrolle"). Dieser Einfluß werde über den internen Kapitalmarkt in einer Weise wirksam, daß die Kontrolldefizite des deutschen Kapitalmarktes mehr als ausgeglichen würden (*Mathis* 1992, S. 149f.; *Mülbert* 1996, S. E76ff.). Selbst bei eigeninteressiertem Handeln der Geldinstitute würden damit die

---

höhere Eigenkapitalquoten, hohen privaten Aktienbesitz und kaum oder keine Bankbeteiligungen an Unternehmen (*Mathis* 1992, S. 62f.).

110 Als eigentliche Ursachen dieser strukturellen Defizite werden allerdings vorwiegend andere Einflußfaktoren ausgemacht: Mitbestimmung, Kapitalschutzvorschriften, Höchststimmrechte, gläubigerzentrierte Rechnungslegung (u. a. *Mülbert* 1996, S. E62).
111 *Schmidt* (1993, S. 182) sieht darin eine Inkonsistenz der „*Jensen*-Schule". Der Primärmarkt für Aktien werde wegen der Transaktionskosten und der asymmetrischen Informationsverteilung relativ gering geschätzt: Kredite gelten transaktionskostengünstiger als Aktienemissionen und bilden sogar positive Anreize auf das Managementverhalten. Trotzdem werde der Sekundärmarkt (MFU) bezüglich Bewertungs- und Sanktionsmöglichkeiten hoch eingeschätzt.
112 Auch *Prowse* (1995, S. 54) sieht den Vorteil des deutschen „Corporate Governance"-Systems vor allem in der wesentlich transaktionskostengünstigeren direkten Überwachung des Managments. Er führt dies genauso auf die enge Beziehung zwischen Banken und Unternehmen und das breite aktienrechtliche Einflußinstrumentarium der Kreditinstitute zurück.

Belange anderer Bezugsgruppen des Unternehmens, insbesondere die der Aktionäre *mitberücksichtigt (!!)* und so die Kosten der Kontrollbeziehung zwischen Aktionären und Management wirkungsvoll reduziert. Im Ergebnis könnten Forderungen nach Beschränkung des Bankeneinflusses mit Wohlfahrtseinbußen und verschlechterter Wettbewerbsfähigkeit der Unternehmen verbunden sein (*Münchow* 1995, S. 245ff., S. 273, S. 281).

Bei dieser Argumentation wird allerdings immer davon ausgegangen, daß die Einflußmöglichkeiten der Aktionäre ohne die Rolle der Banken wesentlich geringer wären - die Unterentwicklung der Managementkontrolle durch den deutschen Kapitalmarkt also nicht auf den Bankeneinfluß selbst zurückzuführen ist. Die Dequity-Beziehung gilt wohl nur idealtypisch im Rahmen des Modells. Es muß den Banken unterstellt werden, daß sie keine eigenen Ziele verfolgen, die für die Aktionäre nicht „kostengünstig" sind. Dieser zumindest in Krisensituationen (Kreditsicherung versus Aktionärsinteresse) nicht unwahrscheinliche Fall muß aber bei einer theoretischen Analyse immer mitbedacht werden. Die Verteidigung hierarchischer und damit auch nicht marktlicher Überwachungsbeziehungen unterliegt einer positiven Beweislast: Es muß zweifelsfrei begründet werden, daß die spontane marktliche (und vielleicht auch kurzfristig „kostspieligere") Kontrollalternative nicht funktioniert - also Marktversagen vorliegt. Dies kann aber für die Kontrolle durch den Kapitalmarkt kaum behauptet werden. Vielmehr ist davon auszugehen, daß sich eine Dequity-Beziehung, die kurzfristig Transaktionskosten spart, langfristig negativ auf die dynamische Kapitalallokation und damit den Wettbewerb auswirkt. Das Transaktionskostenargument für die Verdrängung marktlicher Lösungen sollte daher immer mit größter Vorsicht betrachtet werden.

6.4.2.3. Performanceeffekte des Bankeneinflusses

Zur Frage, wie sich der Bankeneinfluß auf die Performance der entsprechenden Unternehmen auswirkt, ist eine Reihe von Studien erschienen. Während die älteren noch eindeutig positive oder eindeutig negative Einflüsse feststellen, kommen neuere Untersuchungen zu einem differenzierteren Ergebnis. Danach wirkt sich hoher Anteilsbesitz der Banken signifikant positiv und hoher Depotstimmrechtsanteil signifikant negativ auf die Unternehmensperformance aus (*Baums* 1996a, S. 24ff.; *Mülbert* 1996, S. E59f. und S. E66f.). Da die Anzahl der Aufsichtsratsmandate in einem deutlichen Zusammenhang mit dem Zugriff auf Depotstimmen steht, deckt sich dieses Resultat auch mit folgender Beobachtung: In Unternehmen mit bankbeeinflußten Aufsichtsräten fällt die Austauschwahrscheinlichkeit für einen Vorstand aufgrund schlechter Unternehmensergebnisse deutlich geringer aus; somit kommt dem Bankeneinfluß eine verwaltungsstabilisierende Wirkung zu. Schlechte Managementteams werden nicht oder später ausgetauscht als dies bei einem von Bankeinflüssen freien MFU zu erwarten wäre.

6.4.3. Reform des Depotstimmrechts

Die am heftigsten und längsten umstrittene Reformfrage im Rahmen der Bankenmachtdebatte ist zweifellos die des Depotstimmrechts. Schon in der Auseinandersetzung um das AktG von 1965 lassen sich viele der heute aufgegriffenen Positionen wiederfinden[113].

6.4.3.1. Mehrdeutigkeit der gesetzlichen Regelung im AktG von 1965

Das Vollmachtstimmrecht der Banken ist in den §§ 128 und 135 AktG geregelt. Danach bedarf es für die Ausübung der Stimmrechte aus Kundendepots einer 15 Monate gültigen, jederzeit widerrufbaren Vollmacht (§ 135 Abs. 2)[114]. Auf der Hauptversammlung einer Bank kann die Stimmausübung aus eigenen Kundendepots nur nach ausdrücklichen Einzelanweisungen der Kunden zu den speziellen Tagesordnungspunkten erfolgen (§ 135 Abs. 1). Die Wahrnehmung der Stimmrechte hat ausschließlich im Interesse der Aktionäre zu geschehen (§ 128 Abs. 2 Satz 2). Nach dem Willen des Gesetzgebers sollte diese Konstruktion dazu dienen, die Aktionäre vor mißbräuchlichem Verhalten der Depotbanken zu schützen, ohne die Hauptversammlungspräsenzen weiter sinken zu lassen (*Böhm* 1992, S. 57f.). Weil aber das Aktionärsinteresse nur über eine unscharfe Abgrenzung eines Durchschnittsaktionärs zu operationalisieren ist, lassen sich viele Entscheidungen der Kreditinstitute auch im Interesse der Aktionäre deuten (*Mülbert* 1996, S. E87ff.). Kontroversen waren unvermeidlich[115].

6.4.3.2. Grundsätzliche Positionen zum Depotstimmrecht

6.4.3.2.1. Gegner des Depotstimmrechts

So ist es auch kaum verwunderlich, daß sich die Bankenmachtdiskussion ganz wesentlich auf das Depotstimmrecht konzentriert. Kritiker halten es dabei wegen seiner dominierenden Stellung für das bedeutendste Defizit im deutschen Universalbankensystem und führen die Kapitalmarktschwäche darauf zurück[116].

Ausgangspunkt ihrer Überlegungen ist die Frage, warum diese Dienstleistung angesichts des von Bankseite auf fünf bis sechs Millionen DM pro Jahr bezifferten Ausübungsaufwands (*Mülbert* 1996, S. E40) noch immer kostenlos erfolgt und deshalb überhaupt erst von den sonst „rational apathischen" Aktionären angenommen wird.

---

113 Zur Diskussion der Aktienrechtsreform 1965 siehe u. a. *Linhardt* (1958) und *Klug* (1959) jeweils mit weiteren Nachweisen.

114 Die Ausübung der Stimmrechte kann auch auf Einzelanweisungen zu einzelnen Tagesordnungspunkten erfolgen. Von dieser Möglichkeit wird aber in aller Regel nur in 2 bis 3% der Fälle Gebrauch gemacht (*Adams* 1994b, S. 80).

115 Dazu bemerkte *Geßler* (1965, S. 679) kurz nach Inkrafttreten des AktG von 1965: „Da die Kreditinstitute auch künftig ohne ausdrückliche Weisung abstimmen können, ist der politische Effekt, [...], daß nämlich das Bankenstimmrecht eine politisch nicht mehr angreifbare Grundlage erhält, nicht erreicht".

116 So u. a. *Kallfass* (1996, S. 171); *Wenger* (1992, S. 98); *Adams* (1989, S. 336).

Der Grund dafür wird in impliziten Vergütungen gesehen. Danach stellen die Ausübung des Depotstimmrechts und die daraus erwachsenden Aufsichtsratssitze für die Banken einen den Verwaltungs- und Geschäftsinteressen dienenden und damit den Aufwand rechtfertigenden Wert dar (*Baums* und *von Randow* 1995, S. 149ff.; *Kallfass* 1996, S. 170f.). Nach statistischen Untersuchungen besteht besonders zwischen dem Emissionsgeschäft und dem Anteil der Depotstimmrechte ein signifikant positiver Zusammenhang[117]. Dies kann zusätzlich zu Wettbewerbsbeschränkungen vor allem gegenüber kleineren Bankinstituten und zu tendenziell überhöhten Preisen oder Provisionen führen (*Baums* 1996a, S. 13f.).

Darüber hinaus liegt es im Interesse der Banken in ihrer Rolle als klassischer Kreditgeber, die Rückzahlungswahrscheinlichkeit gewährter Kredite zu maximieren. Einflußmöglichkeiten auf die betreffende Unternehmensleitung werden deshalb meist dahingehend genutzt, eine eher konservative, strukturkonservierende Investitions- und Unternehmenspolitik zu erreichen (*Wenger* 1992, S. 82f.). Dieser grundsätzliche Wunsch der Banken schlägt sich in den Abstimmungsvorschlägen zur Hauptversammlung nieder, die in aller Regel auffällig den Vorschlägen der Unternehmensverwaltung ähneln (*Baums* 1996a, S. 14f.). Die Folge ist eine auch im Interesse der Manager liegende, den „Free Cash Flow" erhöhende und Ausschüttungen beschränkende Dividendenpolitik der Unternehmen. Weil also tendenziell Banken und Unternehmensleitung die gleichen Positionen vertreten und diese im Regelfall nicht dem Aktionärsinteresse nach Börsenwertmaximierung entsprechen[118], wird das aktienrechtliche Kontrollmodell im Kern außer Kraft gesetzt (*Böhm* 1992, S. 59). Wegen der entstehenden Interessenkonflikte sind Banken generell keine geeigneten Aktionärsvertreter[119], woran auch die Vorschrift des § 128 Abs. 2 Satz 2 AktG nichts ändert.

Ferner bietet die Abstimmung auf den eigenen Hauptversammlungen der Kreditinstitute (siehe Tabelle 6) dem Bankenmanagement die Gelegenheit, mit den Depotstimmen seiner Kunden (bei Unterstützung der wechselseitig verbundenen anderen Institute) die eigene Position abzusichern und sich so der direkten Kontrolle durch die Aktionäre und den Kapitalmarkt zu entziehen (*Baums* 1996a, S. 14; *Kallfass* 1996, S. 171; *Böhm* 1992, S. 59f.).

Nach *Adams* (1989, S. 335) erwächst den Banken insgesamt eine „abgeleitete Herrschaft ohne Preis", die sie beliebig gegen die Interessen der beeinflußten Unternehmen, der Aktionäre oder ihrer Konkurrenzinstitute einsetzen können.

---

117 Vgl. dazu auch Tabelle 3 bei *Baums* (1996a, S. 23f.), wonach nur bei 24 der 79 untersuchten Neuemissionen der Jahre 1991-1995 nicht die Bank mit dem höchsten Stimmrechtsanteil in der jeweiligen Hauptversammlung die Konsortionalführerschaft übernommen hat.

118 Theoretisch ist dies ein klassischer Fall einer Koalition der Insider zu Lasten der Outsider aufgrund besserer Informationslage (vgl. dazu *Wenger* 1992, S. 82).

119 Es wird zum Teil die Meinung vertreten, daß die Banken sich zumindest im Aufsichtsrat nicht zwingend nach den Interessen der Aktionäre zu richten haben, da die Struktur des deutschen Aktienrechts den Aufsichtsrat als den Wahrer vieler Interessen ansehe (*Münchow* 1995, S. 267). Vgl. dazu auch Kapitel 6.5.3.2.

Tabelle 6: Stimmgewicht der Großbanken auf ihrer eigenen Hauptversammlung

	Deutsche Bank	Dresdner Bank	Commerzbank	Bayr. Vereinsbank	Bayr. Hypothekenbank	Summe
Deutsche Bank[1]	32,07	14,14	3,03	2,75	2,83	54,82
Dresdner Bank	4,72	44,19	4,75	5,45	5,04	64,15
Commerzbank	13,43	16,35	18,49	3,78	3,65	55,70
Bayr. Vereinsbank	8,80	10,28	3,42	32,19	3,42	58,11
Bayr. Hypothekenbank	5,90	10,19	5,72	10,74	23,87	56,42

1) Eingeschlossen: Eigene Beteiligung, Depotstimmen und Stimmrechte, die von bankeigenen Kapitalbeteiligungsgesellschaften stammen. Alle Angaben in Prozent.

Quelle: *Baums* 1996a, S. 14.

6.4.3.2.2. Die Einstellung auf Seiten der Banken und in Kreisen der Politiker

Von Bankenseite wird der geschilderte Effekt einer indirekten Aktionärsschädigung bestritten. Die Gegenposition gründet auf vier Argumenten:

(1) Die Kunden erwarteten die historisch gewachsene Ausübung der Depotstimmrechte. Zudem müsse man vom „*mündigen*" *Aktionär* ausgehen, der in der Lage sei, das Verhalten der Banken richtig zu beurteilen und gegebenenfalls durch die jederzeit mögliche Rücknahme der Vollmacht zu sanktionieren (*BDB* 1994, S. 72; *BDI* 1995c).

(2) Als wichtigstes Argument für die Depotstimmrechtslösung des AktG von 1965 wird allerdings die Gefahr *sinkender Hauptversammlungspräsenzen* genannt. Würde darauf verzichtet, wäre mit unkalkulierbaren Zufallsmehrheiten zu rechnen (*BDB* 1994, S. 72; *BMJ* 1996, S. 3). Im Interesse eines funktionsfähigen Kapitalmarktes könne es nicht sein, daß eine Minderheit des gesamten stimmrechtsfähigen Eigenkapitals die Interessen der Mehrheit dominieren würde (*Peltzer* 1996, S. 27). Letztlich liege also die Unterstützung der Unternehmensverwaltungen durch die Depotstimmen im Interesse der Aktionäre selbst, weil hierdurch die Herrschaft unter Umständen radikaler Minderheiten verhindert und eine kontinuierliche Unternehmenspolitik ermöglicht würde. Insofern könnte auch die häufige Einführung von Höchststimmrechten mit Hilfe der Depotbanken eher als Schutz vor „ausplündernden" Übernahmen gesehen werden (*Mülbert* 1996, S. E89).

(3) Auch die Gefahr einer dem Depotstimmrecht zugeschriebenen unangemessenen wirtschaftlichen Macht wird mit dem Hinweis auf den intensiven *Wettbewerbsdruck* in der Kreditwirtschaft bestritten: Der Wettbewerb um die Provisionen aus dem Depotgeschäft verhindere die regelmäßige Verletzung von Aktionärsinteressen (*Mathis* 1992, S. 148). Dieses Argument kann schon allein durch das auffällige Parallelverhalten der Kreditinstitute bei der Abstimmung entkräftet werden (*Böhm* 1992, S. 155). *Baums* (1996a, S. 15) weist zusätzlich darauf hin, daß für kleinere Institute wegen fehlender impliziter Vergütungen kein Anreiz besteht, aktiv ihre Depotstimmrechte wahrzunehmen, wodurch sie sich den großen Banken in aller Regel anschließen.

(4) Bankenfreundliche Stimmen verweisen schließlich auf die hohe *Öffentlichkeitswirksamkeit* mißbräuchlichen Verhaltens: Kein Kreditinstitut würde Imageverluste gerne in Kauf nehmen und sich deshalb im Sinne der Aktionäre verhalten. Auch dieses Argument hält *Böhm* (1992, S. 156) für wenig stichhaltig, da sich Vorstände und Banken in aller Regel reichlich unbeeindruckt von Öffentlichkeitsschelte zeigten.

Diese positive Grundeinstellung zum Vollmachtstimmrecht scheinen auch viele Politiker zu teilen. Nach *Leutheusser-Schnarrenberger* (1995, S. 2355) ist das Depotstimmrecht ein „intelligentes" System, das einen minimalen Aufwand beim Kapitalanleger mit dem Sachverstand aus den Rechtsabteilungen und den volkswirtschaftlichen Stäben der Banken verbindet. Die wiedererteilten 15-Monatsvollmachten seien für sich schon Rechtfertigung und Qualitätssiegel dieser Regelung, so daß es bei der Reform nur um pragmatische Teilverbesserungen zur Beseitigung besonders auffälliger Defizite und zur Steigerung der „Benutzerfreundlichkeit" (*BDI* 1995c) gehen könne.

6.4.3.3. Alternative 1: Für mehr Transparenz?

Dieser Linie folgen alle Vorschläge, die auf eine verbesserte Transparenz der Beziehungen der Kreditinstitute zu den Unternehmen und der personellen wie beteiligungsbedingten Verflechtungen im Rahmen der Ausübung der Vollmachtstimmrechte zielen[120]. Stellvertretend für viele sei hier die Regelung des KonTraG erwähnt. Danach werden die Kreditinstitute neben der Offenlegung aller Aufsichtsratsmandate und Beteiligungen über 5% darauf verpflichtet, sich daraus ergebende Interessenkonflikte bei der Wahrnehmung des Depotstimmrechts zu nennen und auf andere Vertretungsmöglichkeiten, insbesondere die Aktionärsvereinigungen, hinzuweisen. Außerdem muß ein Mitglied der Geschäftsleitung benannt werden, das die Ausübung der Stimmen im Sinne der Depotkunden überwachen soll (Stimmrechtsbeauftragter)[121]. Wichtigste Neuregelung ist allerdings, daß Kreditinstitute das Vollmachtstimmrecht (außer den Stimmen mit Einzelanweisung) nicht ausüben dürfen, wenn sie zugleich Stimmen aus einer Eigenbeteiligung von mehr als 5% ausüben. Sie besitzen also das Wahlrecht, ob sie die Depotstimmen oder eigene Stimmen aus Kapitalbesitz wahrnehmen wollen (neuer § 135 Absatz 1).

Ziel dieser Regelungen ist, die Informationslage an den Kapitalmärkten und bei den Aktionären zu verbessern sowie die Banken zum Abbau ihrer Beteiligungen und zur echten Wahrnehmung der Aktionärsinteressen zu zwingen (*o. V.* 1996l). Fraglich erscheint indes, ob die beabsichtigte Wirkung eintritt, zumal eine hohe Zahl der Beteiligungen im Bereich unter 5% liegt. Wenn es ferner stimmt, daß die Depotbanken sowohl Eigenbesitz als auch Depotstimmen vorwiegend im Geschäftsinteresse nutzen, wird für den Fall, daß der Anteil der Depotstimmen höher liegt als der Anteil aus Eigenbesitz, die Regelung bestenfalls über die Steigerung von Transparenz eine Teilverbesserung erbringen. Auch der Einwand von *Hopt* (1997, S. 44) ist nicht ganz von der Hand zu

---

120 Vgl. dazu auch Vorschläge bei *Mülbert* (1996, S. E99-103).
121 Zur Diskussion um den „Stimmrechtsbeauftragen" *Mülbert* (1996, S. E98f.); *Peltzer* (1996, S. 31); ablehnend *Baums* (1997, S. 29).

weisen, die Regelung könne geradezu kontraproduktiv sein, da sich Banken mit steigendem Anteilsbesitz zunehmend wie „richtige" Aktionäre verhalten.

6.4.3.4. Alternative 2: Ersatzlose Streichung?

Von *Wenger* (1992, S. 96) stammt deshalb der „radikale" Vorschlag, das Depotstimmrecht ersatzlos zu streichen. In diesem Fall würde es sich für die Aktionäre lohnen, sich aktiv um bessere Information zu bemühen und mit dem Stimmrecht das Management zu einer aktionärsfreundlichen Politik zu bewegen. Dies ist besonders dann sinnvoll, wenn man die Auffassung von *Adams* (1989, S. 335) teilt, wonach das Ziel der breiten Streuung des Aktienbesitzes bewußt dazu mißbraucht wurde, „rationale Apathie" bei den Aktionären zu erzeugen und dann ihre Stimmrechte - vermeintlich in ihrem Sinne - mit dem Depotstimmrecht neu zu bündeln und strategisch zu nutzen. Moderater äußert sich *Kallfass* (1996, S. 170f.): Wenn auch andere Defizite im Ordnungsrahmen eine Rolle spielen, so sei doch das Depotstimmrecht die „zentrale Ursache" für schwache Unternehmenskontrolle.

Andere Stimmen bestreiten die Möglichkeit der besseren Kontrolle durch die Aktionäre infolge der Streichung des Depotstimmrechts. Größere Paketaktionäre und Kleinaktionäre hätten sehr unterschiedliche Interessen. Aufgrund ihres kleinen Aktienanteils würde es sich für letztere kaum lohnen, in die Ausübung ihrer Stimmrechte zu investieren. Deshalb würden die Hauptversammlungspräsenzen weiter fallen. Weil auch von institutionellen Investoren keine oder nur ein sehr geringer positiver Kontrolleffekt ausgehe, sei eher zu befürchten, daß diese Regelung zu völlig machtlosen Kleinaktionären führe. Im Ergebnis besäße die relativ kleine Gruppe größerer Paketaktionäre erheblichen Einfluß auf die Unternehmenspolitik, so daß Stimmenmacht und eigener Kapitalbesitz immer weiter auseinanderfielen und das eigentliche Ziel der konsequenten Unternehmenswertmaximierung von den Vorstellungen dieser Gruppe abhinge (*Baums* 1996a, S. 17f.; ähnlich *Uldall* 1994, S. 339; *Kalfass* 1996, S. 171).

Wenger (1992, S. 97) hält das Argument der Schädigung der Kleinaktionäre für nicht stichhaltig: Sinkenden Präsenzen in der Hauptversammlung seien im Gegenteil sogar förderlich, da der Wettbewerb dominierender Minderheiten auf jeden Fall zu besseren Ergebnissen führe als das Depotstimmrecht als Alternative. Außerdem sei die kontrolleffizienzsteigernde Wirkung sinkender Hauptversammlungspräsenzen durch angelsächsische Studien belegt. Ähnlich beurteilt dies *Prowse* (1995, S. 5): Das maximale Interesse an der Kontrolle eines Managements entstehe dann, wenn die Besitzstruktur einige kleinere Paketaktionäre aufweist, also oligopolisiert ist.

6.4.3.5. Alternative 3: Markt für Stimmrechtsvertreter?

6.4.3.5.1. Die beabsichtigte Regelung

Insbesondere von *Baums* und *von Randow* (1995) und mit geringfügiger Veränderung von der *SPD* (1995, S. 334ff.) wurde der Vorschlag der Schaffung eines Marktes für Stimmrechtsvertreter in die Diskussion gebracht[122], um das Problem der fehlenden Anreize für Depotbanken, sich am Aktionärsinteresse auszurichten, zu lösen. Dazu soll zunächst das Vollmachtstimmrecht nur noch auf Grundlage spezieller Weisungen ausgeübt werden dürfen. Für die nicht weisungsvertretenen Stimmen „sind Märkte zu etablieren, auf denen die Aufgabe der Kontrolle von Verwaltungen [...] durch Stimmabgabe professioneller Anbieter angeboten wird" (*Kallfass* 1996, S. 171). In der Hauptversammlung (*Baums* und *von Randow*) oder per Briefwahl (*SPD*) sollen demnach mehrere unabhängige Stimmrechtsvertreter für eine bestimmte Wahlperiode gewählt werden, die die nicht auf den Hauptversammlungen vertretenen Aktionäre quotal nach den jeweils auf sich vereinigten Wählerstimmen wahrnehmen sollen und deren Eignung von bestimmten persönlichen und fachlichen Kriterien - vor allem dem Wirtschaftsprüferexamen - abhängig sein soll. Die Bezahlung soll analog zu den anderen Vertretungs- und Kontrollorganen durch die Gesellschaft erfolgen, da eine professionelle Stimmenvertretung allen Aktionären zugute käme (*Baums* 1996a, S. 21ff.).

6.4.3.5.2. Kritik

Während die Befürworter dieses Vorschlags auf die Entstehung eines wirkungsvollen Wettbewerbs um die Ausübung der Stimmrechte im Sinne der Kleinaktionäre hoffen, erscheint den Kritikern problematisch, daß die aktiven (auf der Hauptversammlung vertretenen oder per Briefwahl abstimmenden) Aktionäre darüber entscheiden, wer die Stimmen der passiven Anteilseigner wahrnehmen soll. Dies berge die Gefahr von Interessenkonflikten: Insbesondere in Gesellschaften mit einem dominierenden Mehrheitsaktionär könnte sich dadurch ein gewisses Abhängigkeitsverhältnis der eigentlich unabhängigen Vertreter ergeben, dem auch nicht durch gegenseitige „Selbstkontrolle" und marktliche Mechanismen entgegengewirkt werden könne (dazu *Baums* 1996a, S. 22f.).

Zudem besteht der Einwand, eine solche Regelung würde einen Zwang zur Abstimmung mit „künstlicher" Aktivierung passiver Stimmen etablieren (*Peltzer* 1996, S. 30). Allerdings werden auch im geltenden Recht die Stimmen der passiven Aktionäre insofern „aktiviert", als den aktiven Aktionären ein höheres Stimmengewicht bei schlecht besuchten Hauptversammlungen zufällt (*Baums* 1996a, S. 23).

Die oben genannten Probleme werden noch durch den ungeeigneten Auswahlmechanismus verstärkt. Besonders der *SPD*-Vorschlag erfordert die Prüfung der Bewerbungsunterlagen der jeweiligen Vertreter mit völlig unzumutbaren Transaktionskosten (*BDI* 1995c). Da es sich zudem bei dieser Vertretungsbeziehung ebenfalls um ein Principal-

---

122 In der Urfassung stammt die Idee soweit dem Verfasser bekannt von *Kallfass* (1992b, S. 284-287).

Agent-Verhältnis handelt, ist mit den gleichen Problemen zu rechnen, wie sie von der Aktionärs-Vorstands-Beziehung bekannt sind. So wird weder die genaue Eignung des Vertreters oder sein unternehmerischer Sachverstand noch sein Verhalten auf der HV und damit auch seine Vorschläge zur Besetzung des Aufsichtsrats von den Aktionären zu beurteilen sein (*Peltzer* 1996, S. 30). Weil außerdem kaum zu erwarten ist, daß die Aktionäre jetzt plötzlich ein wettbewerbliches Suchverhalten an den Tag legen, werden „gute" und deshalb teure Stimmrechtsvertreter ihre Fähigkeit kaum signalisieren können, so daß ein Prozeß der „adversen Selektion" naheliegt. Im Ergebnis entsteht (wahrscheinlich) kein Leistungswettbewerb, „(d)enn das würde gerade voraussetzen, daß die Aktionäre die jeweilige Überwachungstätigkeit qualitativ beurteilen könnten und zudem einen Anreiz hätten, ihre Auswahlentscheidung nicht in rationaler Apathie zu treffen. Insgesamt sind damit Verschlechterungen nicht ausgeschlossen" (*Mülbert* 1996, S. E93). Ob die darüber hinaus möglicherweise entstehende Macht von Einzelpersonen wirklich einer „Orwell'schen Vision", gegen die „das Gespenst der Macht der Banken ein Kinderspiel wäre" (*Peltzer* 1996, S. 31), gleichkommt, darf allerdings bezweifelt werden.

6.4.4. Die Diskussion um den Beteiligungsbesitz

Auch für den Beteiligungsbesitz werden von *Kritikern* erhebliche negative Wirkungen auf den Shareholder Value, den MFU und die Wettbewerbsfähigkeit und -intensität der Unternehmen befürchtet. Diese Effekte ergeben sich vor allem aus der zentralen Rolle der Banken im Geflecht der „Deutschland AG" (siehe dazu auch Kapitel 6.1.2.). Neben der weitgehenden Offenlegung aller Beteiligungen und des Umfangs der Depotstimmen fordern sie daher, den dauerhaften Beteiligungsbesitz auf maximal 5% oder 10% zu beschränken, wie dies in anderen Ländern schon längst üblich ist (*Jens* 1994, S. 334; *Adams* 1994a, S. 152ff.; *Lambsdorff* 1994, S. 337).

Die *zweite Reformergruppe* sieht in der grundsätzlichen Verbesserung der Transparenz von Beteiligungen den ordnungspolitisch „einzig überzeugenden Regelungsansatz" (*Schneider* und *Burgard* 1996, S. 1762). In der Argumentation werden negative Wirkungen hoher Bankbeteiligungen generell bestritten (*Uldall* 1994, S. 338f.)[123]. Vielmehr dienten sie als Risikopolster und als Hilfe bei Sanierung und Börsengang der Unternehmen. Wegen der deshalb notwendigen Definition von Ausnahmetatbeständen, verfassungs- und steuerrechtlicher Bedenken[124] und des positiven Kontrolleinflusses der Banken auf ineffiziente Manager wären Beteiligungsgrenzen oder ein generelles Beteiligungsverbot nicht zu rechtfertigen[125]. Diese ordnungspolitische Grundeinstellung re-

---

123 Der vom Bundesverband deutscher Banken auf 0,4% bezifferte Anteilsbesitz der 10 größten privaten Banken im Jahre 1996 (1976: 1,3%; *o. V.* 1996h) bezieht sich auf das Nominalkapital aller Kapitalgesellschaften (GmbH und AGn). Zutreffend kritisch hierzu *Hansen* (1995a, S. R462).

124 Verfassungsrechtlich sind hier vor allem die Art. 3 (Gleichheitsgrundsatz), 12 (Berufsfreiheit) und 14 (Eigentumsgarantie) GG relevant. Dazu müßten eventuelle Veräußerungsgewinne/-einkommen steuerlich freigestellt werden (*BDB* 1994, S. 71).

125 Siehe *Mathis* (1992, S. 139); *BDB* (1994, S. 70f.); *Schneider* und *Burgard* (1996, S. 1761).

flektiert auch das KonTraG. Danach müssen Beteiligungen über fünf Prozent im Anhang des Jahresberichts offengelegt werden (*o. V.* 1996q; neuer § 340a Absatz 4 nach KonTraG).

6.4.5. Reformvorschläge zur Aufsichtsratstätigkeit von Banken

Auch beim dritten Einflußpotential, der Aufsichtsratstätigkeit, bestehen gegensätzliche Ansichten. Kritiker sehen die Gefahr, daß die Mandate vor allem über die daraus entstehenden informellen Kontakte im eigenen Geschäftsinteresse und damit zu Lasten des (Interbanken)-Wettbewerbs wahrgenommen würden. Außerdem seien Bankenvertreter selbst bei gutem Willen ungeeignet, Unternehmensleitungen im Sinne der Aktionäre zu kontrollieren, da ihnen häufig die notwendigen Branchenkenntnisse fehlten und sie allgemein „finanzierungslastig" seien (*Volkmann* und *Kronenberg* 1994, S. 484). *Josef Lofkin*, der in mehr als 30 Ländern die Interessen und Stimmrechte von US-Großinvestoren vertritt, formuliert dies folgendermaßen: „Banken sind exzellente Kreditgeber, wunderbare Devisenhändler, ausgezeichnete Wertpapiermakler und vieles mehr, aber eben keine guten Aktionäre" (zitiert nach *Burgmaier* und *Werner* 1994, S. 94). Bei „böswilliger" Interpretation könnte man daher auch den von Bankenseite häufig vorgebrachten Einwand, die Wahrnehmung der Mandate erfolge häufig auf Wunsch der Unternehmen selbst (*BDB* 1994, S. 73), dahin deuten, daß es natürlich im Interesse der Unternehmensleitung liegen wird, keine allzu eifrigen Kontrolleure im Aufsichtsrat sitzen zu haben. Aus diesen Gründen fordern Kritiker bankspezifische Mandatsbeschränkungen[126].

Außer daß auch hier die Bedeutung der AR-Sitze relativiert wird (*BDB* 1994, S. 73), sehen „bankenfreundlichere" Stimmen dagegen in den Bankenvertretern „ideale Kandidaten" (*Mathis* 1992, S. 144), denen es aufgrund ihres hohen Kenntnisstandes und der Fähigkeit zur relativen Leistungsbewertung der Unternehmen möglich ist, die Agency Costs zwischen Managern und Aktionären deutlich zu verringern.

Insgesamt ist zudem die alleinige Begrenzung der Bankenmandatszahl weder „gerecht" (Art. 3 GG) noch effektiv, da sich diese Regelung sicher durch Strohmänner und andere Möglichkeiten umgehen ließe (*Mülbert* 1996, S. E104f.). Die Offenlegung von bankgehaltenen AR-Mandaten - wie es auch das KonTraG verlangt - ist dagegen positiv zu beurteilen: Ein eventueller Mißbrauch wird empirisch belegbar und damit öffentlichkeitswirksam. Dies kann dazu führen, daß Kreditinstitute weniger leichtfertig eigene Interessen im AR durchsetzen. Außerdem wird die Informationsgrundlage für Anlageentscheidungen im allgemeinen oder die Erteilung von Stimmrechtsvollmachten im speziellen verbessert. Ergänzend wäre aber über eine Enthaltungspflicht von Bankvertretern bei Kreditentscheidungen zugunsten des eigenen Instituts, wie sie *Brüderle* (FDP) verlangt, nachzudenken (*o. V.* 1996e).

---

126 Zu den allgemeinen Forderungen bezüglich des Aufsichtsrats siehe Kapitel 6.5.

6.4.6. Abschließende Würdigung der Reformvorschläge im Hinblick auf die Unternehmenskontrolle durch den Kapitalmarkt

Zusammenfassend kann festgestellt werden, daß insbesondere die Vorschläge zum Vollmachtstimmrecht im Hinblick auf die Unternehmenskontrolle durch den Kapitalmarkt unbefriedigend sind: Entweder können die negativen Anreizwirkungen der Vertretungsbeziehung nicht eliminiert bzw. überspielt werden; oder es gelingt nicht, das Problem der wirtschaftlichen Macht aus dem Weg zu räumen. Auch die Neuregelung des Depotstimmrechts kann aus den genannten Gründen nur als Teilverbesserung verstanden werden.

Positiv im KonTraG ist dagegen die weitgehende Offenlegungspflicht für den Beteiligungsbesitz und die Aufsichtsratsmandate zu bewerten: Hierdurch wird die Informationseffizienz der Kapitalmärkte gestärkt. Weil Depotstimmen de facto wie ein Eigentum genutzt werden, wäre - zumindest solange die Gewinnrechte der Aktionäre nicht deutlich gestärkt werden (siehe dazu Kapitel 7.1.) - der Vorschlag überlegenswert, das Depotstimmrecht ganz abzuschaffen und damit eventuell positive externe Kontrolleffekte durch gesteigerte Kontrollaktivität der Paketbesitzer hervorzurufen. Auch die Empfehlung *Böhms* (1992, S. 213f.), Abstimmungen der Kleinaktionäre durch Briefwahl zuzulassen und die nichtanwesenden Stimmen auf die persönlich auf der HV anwesenden Kleinaktionäre zu verteilen, könnte aufgenommen werden. Schon allein weil sich darüber hinaus die international üblichen Beteiligungsgrenzen nicht durchzusetzen vermochten, wäre die Anregung *Adams* (1994b, S. 79) unbedingt zu berücksichtigen, die Stimmanteile aus Depot- und Eigenbesitz für den Zweck der Fusionskontrolle zu addieren und somit wie Eigentum zu behandeln.

Insgesamt wird durch die jetzige Aktienrechtsnovelle der Einfluß der Kreditinstitute auf (große) Aktiengesellschaften nicht entscheidend eingeschränkt, was sicherlich diejenigen begrüßen, die die Kontrollschwäche des deutschen Kapitalmarktes auf andere Faktoren zurückführen. Es ist zu befürchten, daß weder der Wettbewerb auf den Güter- und Dienstleistungsmärkten noch die Funktionen des Kapitalmarktes für Finanzierung und Unternehmenskontrolle verbessert werden können. Auch der Nachteil Deutschlands als Finanzstandort kann so wohl nicht beseitigt werden.

6.5. Die Diskussion um den Aufsichtsrat

6.5.1. Die Problemlage

Das zweite, zum Teil eng mit der „Bankenmachtdiskussion" verbundene Hauptanliegen der Reformdebatte um das KonTraG bestand in der Veränderung der Organisation des Aufsichtsrats.

6.5.1.1. Gesetzliche Regelung

Nach dem AktG von 1965 ist der AR das formal wichtigste Kontrollorgan der Aktionäre gegenüber dem Vorstand. Dazu ist eine Reihe von Einwirkungs- und Informationsrechten des AR gesetzlich festgeschrieben (vgl. dazu *Kallfass* 1996, S. 167; *Bea* und *Scheurer* 1994, S. 2146-2149):

- Bestellung der Vorstandsmitglieder und die Möglichkeit, diese zu widerufen (§ 84 AktG),
- Beratung des Vorstands durch Erörterung und Diskussion seiner Pflichtberichte (§ 90 AktG),
- Überwachung des Vorstands durch Einsichtnahmerechte und Zustimmungsvorbehalte (§ 111 AktG),
- Prüfung des Jahresabschlusses, Lageberichts und Gewinnvorschlags (§ 171 Abs. 1 AktG),
- Bericht über diese Tätigkeit für die HV (§ 171 Abs. 2) und
- Beschlußfassungsvorschläge für die HV (§ 124 Abs. 3 AktG).

Obwohl dem AR damit ein „überwachungsadäquates" Instrumentarium zur Verfügung zu stehen scheint (*Dörner* und *Oser* 1995, S. 1086), häufen sich in letzter Zeit Fälle „spektakulären Fehlverhaltens" (vgl. hierzu *Wenger* 1996). Diese haben Zweifel an der Ausgestaltung des deutschen dualen Systems der „Corporate Governance" aufkommen lassen. Neben den grundlegenden Defiziten interner Kontrollsysteme (vgl. dazu Kapitel 3.4.2.) bestehen vor allem zwei Problemfelder: Die *Struktur* der Aufsichtsräte und Defizite in der *Ausübung des Kontrollauftrags*.

6.5.1.2. Die Struktur deutscher Aufsichtsräte

Als erstes Problem fällt auf, daß deutsche Finanz- und Industrieunternehmen analog zu den umfangreichen Kapitalbeteiligungen auch personell über die Aufsichtsräte und andere Überwachungs- oder Beratungsgremien eng miteinander verflochten sind[127]. Dies ist besonders für den Fall, daß die Unternehmen in der gleichen Branche arbeiten, unter wettbewerbspolitischen Gesichtspunkten bedenklich. Zwar stellt die *Monopolkommission* in den letzten Jahren einen leichten Rückgang der personellen Verflechtungen fest. Dennoch belegt eine Reihe von Studien, daß erstens auch hier die Rolle von Banken und Versicherungen besonders augenfällig ist und zweitens die Verflechtung zwischen den zehn größten Unternehmen wesentlich höher ausfällt (*Monopolkommission* 1994, Tz. 457-469)[128]. Weil zudem die Aufsichtsräte häufig aus ehemaligen Vorstandsmitgliedern bestehen, die Vorstände an der Auswahl der Aufsichtsratsmitglieder nicht unwesentlich beteiligt sind und in vielen Fällen Aufsichtsratsmitglieder Beraterverträge mit dem entsprechenden Unternehmen besitzen (*Adams* 1994b, S. 82), ist davon auszugehen, daß die aktienrechtliche Kontrollbeziehung analog zu den Erwartungen der theoretischen Analyse geschädigt ist. AR und Vorstand können gemeinsam - als Koalition der Insider gegenüber den Outsidern (Aktionären) - die Unternehmensleitung bilden.

---

127 Eine bemerkenswerte Studie zu den personellen Verflechtungen der börsennotierten Aktiengesellschaften liefert *Leimkühler* (1996).

128 *O. V.* (1996f) betont die starke Rolle der Banken, die geringe Bedeutung von externen unternehmensfremden Managern und die schwache Internationalität deutscher Aufsichtsräte.

Die hohe Bedeutung von Banken und Versicherungen zeigen *Volkmann* und *Kronenberg* (1994) und *Hansen* (1994). Gegenteiliges behauptet *BDB* (1994, S. 73).

6.5.1.3. Die Aufsichtslücke

Ungeachtet dieser strukturellen Schwierigkeiten wird zusätzlich eine „Aufsichtslücke" diagnostiziert. Wegen mangelnder Fachkompetenz der AR, vermeintlich unzulänglicher Überwachungsmöglichkeiten und Schwierigkeiten in der Organisation der Aufsichtsratstätigkeit sei der Kontrollauftrag unzureichend erfüllt. Auch ein Mentalitäts- und Motivationsproblem bei den Mitgliedern des AR wird nicht ausgeschlossen: Danach haben sie hinreichenden Kontrolleinfluß, sie nutzen ihn nur nicht (*Bea* und *Scheurer* 1994, S. 2152).

Eng damit verbunden ist das ungenügende Berichtsverhalten gegenüber der HV. Nach *Theissen* genügt der AR seiner Pflicht, über die Prüfung der Vorstandstätigkeit zu berichten, mit durchschnittlich nur 2,6 Sätzen auf 4,7 Normzeilen, was wohl einer „Untätigkeitsberichterstattung" ziemlich nahe kommt (zitiert nach *Volkmann* und *Kronenberg* 1994, S. 485f.).

6.5.2. Reformdiskussion und Reformvorschläge

Die unterschiedliche Bewertung der Ursachen mangelnder Kontrolleffizienz findet sich in den Meinungen zu Dringlichkeit, Umfang und Form der notwendigen Reformen wieder. Während einige befürchten, daß „[...] sich das deutsche System der Unternehmensverfassung auf einen intellektuellen, moralischen und finanziellen Tiefpunkt zubewegt" (*Wenger* 1996, S. 179), sehen andere keine grundlegenden Defizite. Die strukturellen Grundsätze des AktG seien daher nicht in Frage zu stellen, allenfalls in einigen Bereichen oder im Verständnis der Aufsichtsratsaufgabe verbesserungsbedürftig (*Bender* 1994, S. 1965; *Dörner* und *Oser* 1995, S. 1088). Wegen der Fülle der detailreichen Verbesserungsvorschläge empfiehlt es sich, diese in drei Gruppen einzuteilen:

(1) Vorschläge, die die Organisation des AR betreffen,
(2) Vorschläge, die das Verhältnis des Aufsichtsrats zu Wirtschaftsprüfern regeln und
(3) Vorschläge, die die Beziehung zur Öffenlichkeit und zu den Aktionären bzw. zur HV betreffen.

6.5.2.1. Reformen der Organisation des Aufsichtsrats

Für die Organisation des AR galt als besonderes Manko, daß der zu kontrollierende Vorstand die zu seiner Überwachung notwendigen Informationen selbst liefert (§ 90 AktG). Weil sich durch diese Bringschuld selbst bei optimaler Aufsichtsratstätigkeit Potentiale für Ineffizienzen eröffnen und sich andererseits „überaus komfortable" und „ausgesprochen wohltuende" (*Wenger* 1996, S. 176) Rechtfertigungsgründe für mangelhaftes Kontrollverhalten ergeben, war die Verschärfung der Berichtspflicht des Vorstands[129], insbesondere was die oft viel zu späte Aushändigung des Prüfberichts als wichtigste „neutrale" Informationsquelle anbelangt, unbedingt erforderlich. Dies

---

129 Die Forderungen reichten hier von quartalsmäßiger bis monatlicher Berichtspflicht unter Einschluß der Konzernberichterstattung. Vgl. zu verschärften Berichtpflichten u. a. *Bender* (1994, S. 1966); *Küller* (1995, S. 49).

schreibt jetzt auch die Novellierung des AktG vor. Zudem ist für ein angemessenes Risikomanagement und eine interne Revision zu sorgen (neuer § 91 AktG).

Als besonders dringlich wurde zusätzlich die Verringerung der Größe der Aufsichtsräte empfunden (*BDI* 1995d), um die Diskussion innerhalb des Gremiums zu intensivieren und der Bürokratisierung von Entscheidungsprozessen entgegenzuwirken. Die noch im RefE vorgesehene Reduktion der Größe von 20 auf 12 Mitglieder[130] konnte sich aufgrund des Widerstands der Gewerkschaften (*Küller* 1995, S. 50) und der SPD schließlich nicht durchsetzen.

Dafür wird aber die Anzahl der Pflichtsitzungen von bisher jährlich zwei auf vier erhöht. Während gegen diese Regelung allenfalls aus den Verbänden Widerstand kam (*BDI* 1995d), war die Frage der zulässigen Höchstzahl der Mandate, die von einer Person ausgeübt werden dürfen, allgemein heftig umstritten. Die Befürworter der Reduktion von 10 auf beispielsweise 5 Sitze[131] wollten so einerseits dem Aufsichtsratsmitglied die Möglichkeit geben, sich intensiver um seine Aufgaben zu kümmern und damit die Effizienz der internen Kontrolle stärken. Andererseits sollte die Ämterhäufung bei einzelnen Personen, insbesondere aus dem Banken/Versicherungsbereich verhindert und damit den personellen Verflechtungen ein Riegel vorgeschoben werden. Andere lehnten die Minderung der Mandatszahl mit dem Argument ab, daß die Verflechtung auch Vorteile für die strategische Kontrolle bringen könne. Außerdem verdecke die Pauschalisierung die unterschiedlichen Fähigkeiten und Unterstützungsmöglichkeiten der einzelnen Räte (*Dörner* und *Oser* 1995, S. 1086f.; *Bea* und *Scheurer* 1994, S. 2152). *Lambsdorff* (1994, S. 337) sah sogar die Gefahr, daß der Einfluß der Banken eher noch gestärkt würde, da diese im Gegensatz zu kleineren Aktionärsvereinigungen noch genügend geeignete Personen für die Aufsichtsratstätigkeit unterhalb der Vorstandsebene besäßen.

Insgesamt ist es deshalb wenig verwunderlich, daß die schließlich beschlossene Novellierung auch hier einen Kompromiß findet: Beibehaltung der Höchstzahl von 10 Mandaten bei Doppelzählung des Aufsichtsratsvorsitzes (neuer § 100 Abs. 2 AktG). Ob dadurch die personelle Verflechtung wirklich reduziert werden kann, darf allerdings bezweifelt werden, zumal sich darüber hinaus weder die gesetzliche Fixierung der Unvereinbarkeit von Aufsichtsrats- und Vorstandsmandaten in konkurrierenden Unternehmen bzw. deren Kontrolle durch das Kartellamt noch das Verbot oder die Einschränkung der Zulässigkeit von Beraterverträgen mit dem zu kontrollierenden Unternehmen durchzusetzen vermochten[132].

---

130 Für Unternehmen mit mehr als 10.000 Beschäftigten sollte die Option, auch größere Räte zuzulassen, bestehen bleiben.
131 So z. B. *SPD* (1995, S. 333); *Adams* (1997, S. 9); *Baums* (1997, S. 26) und *Lutter* (1997, S. 54). *Wenger* (1997, S. 58) fordert gar die Reduktion auf maximal 3 Mandate. Kritisch zur Reduktion äußern sich u. a. *Leimkühler* (1996, S. 312); *Hopt* (1997, S. 43) und *Kübler* (1997, S. 48).
132 Zur Fülle der Meinungsäußerungen vgl. u. a. *SPD* (1995, S. 333f.); *Adams* (1994b, S. 82); *o. V.* (1996k).

6.5.2.2. Reformen im Verhältnis zu den Wirtschaftsprüfern

Das KonTraG sieht darüber hinaus in der Veränderung der Rechtsstellung der Wirtschaftsprüfer eines seiner Hauptanliegen[133]. Neben der genaueren Regelung zu Prüfungsinhalt und -bericht, der z. B. ergänzende Bewertungen zu Vorstandsprognosen enthalten soll, besteht nun die Verpflichtung des Wirtschaftsprüfers, an den Bilanzsitzungen bzw. den entsprechenden Bilanzausschüssen[134] des Aufsichtsrats teilzunehmen. Durch die vom *BDI* (1995d, S.11) kritisierte Regelung, das Recht, den Wirtschaftsprüfer zu bestellen, vom Vorstand auf den Aufsichtsrat übergehen zu lassen, soll außerdem der möglichen Klüngelei zwischen Vorstand und Wirtschaftsprüfern vorgebeugt werden (*O. V.* 1996r)[135].

6.5.2.3. Veränderungen in der Beziehung zu Öffentlichkeit, Aktionären und Hauptversammlung

Im Verhältnis der Aktionäre zu den Aufsichtsräten besteht besonders das Problem, inwieweit diese für ihr Handeln verantwortlich gemacht werden können. Stein des Anstoßes für diese Debatte war (und ist) vor allem § 147 AktG. Dieser schreibt die Klagevoraussetzungen für die Geltendmachung von Ersatzansprüchen gegen die Exekutivorgane der AG[136] im allgemeinen und gegenüber dem AR im speziellen fest. Nach dem AktG von 1965 waren dazu Anteile von 10% des Grundkapitals oder im Nennwert von DM 2 Mio. bzw. die einfache HV-Mehrheit notwendig. Am Tag vor der Verabschiedung des KonTraG wären für einen wirkungsvollen Minderheitenschutz nach § 147 Abs. 1 bei der Daimler Benz AG Aktien im Marktwert von ca. DM 8 Milliarden nötig gewesen. Diese Regelung gab damit durchaus Anlaß, die Haftungs- und Klagemöglichkeiten des AktG als „hochwertige Realsatire" (*Wenger* 1996, S. 180) zu bezeichnen -

---

[133] Nicht behandelt werden kann hier die Frage, inwieweit es überhaupt in den Aufgabenbereich des Wirtschaftsprüfers fällt, die wirtschaftlich „richtige" Unternehmensführung zu kontrollieren und gegebenenfalls zu sanktionieren. Diese in der Öffentlichkeit häufig aufgebrachte Forderung verkennt den Charakter der Wirtschaftsprüfertätigkeit als Satzungs- und Ordnungsmäßigkeitsprüfung, woraus eine „Erwartungslücke" an die Wirtschaftsprüfer entsteht (*Kallfass* 1996, S. 168; *Dörner* und *Oser* 1995, S. 1088-92).

[134] Nicht behandelt werden kann die Diskussion der Frage, ob zur intensiveren Erörterung von Rechnungslegungs- und Bilanzierungsfragen oder der Überwachung interner Kontrollsysteme Ausschußbildungen gesetzlich vorgeschrieben werden sollten. Zu dieser und der allgemeinen Frage des Übergangs auf das amerikanische Modell von Boards vgl. *Baums* (1995, S. 14f.), *BMJ* (1996, S. 2); *Forster* (1995). Außerdem ist die Ausschußbildung auch schon im geltenden Recht möglich (§ 107 AktG).

[135] In die gleiche Richtung zielen drei weitere Regelungen: (1) Ein Prüfer wird nach dem neuen AktG von der Prüfung eines Unternehmens ausgeschlossen, wenn er in den letzten fünf Jahren mehr als 30% (bisher 50%) seines Gesamteinkommens von ihm bezogen hat. (2) Der den Bestätigungsvermerk zeichnende Prüfer muß ausgewechselt werden, wenn er innerhalb von 10 Jahren 6-mal gezeichnet hat. Dies gilt nicht für die Prüfungsgesellschaft. (3) Die Haftung der Abschlußprüfer wird deutlich von DM 500.000 auf DM 2 Mio. bzw. DM 8 Mio. für börsennotierte Gesellschaften angehoben. Zu (1) und (2) siehe u. a. *o. V.* (1996p); *Dörner* und *Oser* (1995, S. 1092f.); *Kallfass* (1996, S. 169); *Forster* (1995, S. 7); *BDI* (1995d, S. 12).

[136] Die §§ 116 und 93 AktG sind eigentlich sehr strenge Haftungsnormen. Durch die Regelungen des § 147 sind sie aber eingeschränkt (*Treschner* 1995, S. 661ff.).

zumal hierbei die sowieso hohen Kosten einer Klage unberücksichtigt bleiben. Nach dem AktG von 1965 bestand also de facto Haftungsfreistellung der Exekutivorgane einer AG. Das eigentliche Ziel des § 147 AktG, den Mißbrauch von Kompetenzen zu Lasten der Aktionäre zu verhindern, war so unerreichbar.

Tabelle 7: Klagevoraussetzungen nach unterschiedlichen Normen[1)]

Unternehmen	Grundkapital	Kurs der Aktien am 4.3.1998 (in DM)	Klagevoraussetzung nach §147 Abs. 1 AktG 1965 (10% des Grundkapitals)	Klagevoraussetzung nach §147 Abs. 3 AktG 1965 (2 Mill. Nennwert)	Klagevoraussetzung nach §147 Abs. 3 KonTraG (1 Mio. Nennwert)	Adams	Kübler
Allianz	1.153,935	561,00	12.947,156	224,400	112,200	0,300	0,100
BASF	3.110,313	64,60	4.018,525	25,840	12,920	0,300	0,100
Bayer	3.652,710	76,35	5.577,688	30,540	15,270	0,300	0,100
BMW	920,456	1.890,00	3.479,322	75,600	37,800	0,300	0,100
Commerzbank	2.161,306	65,70	2.839,956	26,280	13,140	0,300	0,100
Daimler Benz	2.583,742	155,30	8.025,102	62,120	31,060	0,300	0,100
Deutsche Bank	2.656,580	125,55	6.670,674	50,220	25,110	0,300	0,100
Dresdner Bank	2.446,719	85,25	4.171,655	34,100	17,050	0,300	0,100
Hoechst	2.939,768	69,00	4.056,880	27,600	13,800	0,300	0,100
Mannesmann	1.842,600	1.152,00	4.245,350	46,080	23,040	0,300	0,100
Siemens	2.910,093	113,80	6.623,371	45,520	22,760	0,300	0,100
VEBA	2.469,006	123,80	6.113,260	49,520	24,760	0,300	0,100
VIAG	1.330,734	962,50	2.561,664	38,500	19,250	0,300	0,100

1) Angaben in Millionen DM; Kurswert = Schlußkurs am Tag vor der Verabschiedung des KonTraG; Grundkapital und Kurse dem Kursteil der *Börsenzeitung* vom 5.3.1998.

Deshalb sieht das KonTraG die Reduktion der Klagevoraussetzungen auf 5% oder DM 1 Mio. Nennwert *bei groben Pflichtverletzungen* vor (neuer § 147 Abs. 3). Erhofft wird von dieser Vereinfachung der Klagevoraussetzungen zusätzlich eine Präventivwirkung: Nur fachlich und persönlich geeignete Bewerber sollen sich um einen Aufsichtsratsposten bemühen und zudem bestrebt sein, die gesetzlichen Möglichkeiten ernster wahrzunehmen (*Kallfass* 1996, S. 169f.). Wenn dies auch generell zu begrüßen ist, so wird sicherlich die Aufsichtslücke und damit die Probleme im Hinblick auf eine Shareholder Value-Orientierung nicht ganz zu überwinden sein. Außer daß Haftungsregeln immer erst dann greifen, wenn das „Kind schon in den Brunnen gefallen" ist (*Baums* 1996b, S. 174), wird die Klagewahrscheinlichkeit - besonders bei weit gestreutem Aktienbesitz - nicht zwingend zunehmen (*Kallfass* 1996, S. 170): Es sind Zweifel angebracht, ob die Grenze von DM 1 Millionen wirklich wirksamere Aktionärsklagen erlaubt[137]. Schon deshalb ist es schwer verständlich, warum der Vorschlag *Adams* (1994b,

---

137 Nach *Wenger* (1997, S. 59) gilt dies besonders, weil sich die Kostenverteilungsregeln im Klagefall nicht geändert haben. Das Kostenrisiko liege weiterhin einzig bei demjenigen, der die Klage anstrengt: „Wer gegen Organmitglieder klagt, muß also besondere Opfer erbringen, ohne dafür besondere Leistungen zu erhalten. Altruismus als Voraussetzung

S. 81), der eine Festgrenze von DM 300.000 vorsieht, oder der von *Kübler* (1997, S. 49), der eine Reduktion auf 1% oder DM 100.000 verlangt[138], mit der Begründung nicht berücksichtigt wurden, dies könne mißbräuchliches Aktionärsverhaltens auslösen.

Positiv im Sinne einer verbesserten Kapitalmarktinformation und der empirischen Belegbarkeit personeller Verflechtungen ist dagegen zu bewerten, daß das KonTraG die Offenlegung aller Mandate in Aufsichtsräten sowie deren ausgeübte Tätigkeit im Anhang des Geschäftsberichts und beim Wahlvorschlag fordert.

6.5.3. Würdigung im Hinblick auf die Unternehmenskontrolle durch den Kapitalmarkt

6.5.3.1. Allgemeine Beurteilung

Grundsätzlich sind die oben genannten Verbesserungsvorschläge dazu geeignet, die Agency Costs des internen Verfahrens zur Disziplinierung des Managements zu verringern. Zusammen mit der verbesserten Informationslage kann die Kapitalmarkteffizienz und somit die Lenkung knapper Mittel gesteigert werden.

Neben den erwähnten Einschränkungen (kein Verbot der Überkreuzverflechtungen und relativ gering verbesserte Klagevoraussetzungen) ist allerdings festzuhalten, daß das Hauptargument für die vorgenommen Änderungen problematisch ist. Die meisten Neuregelungen werden mit Transaktionskostensenkungen (Erleichterung der Arbeit) verteidigt. Dies kann aber zugleich zu Überregulierungen führen. Im Ergebnis könnte damit eventuell die Fähigkeit der Aufsichtsräte behindert werden, sich flexibel auf unterschiedliche und vor allem neuartige Kontrollprobleme einzustellen. Vor diesem Hintergrund scheint der in seinen Detailregelungen zwar umstrittene, aber von weiten Teilen der Wissenschaft und Praxis durchaus positiv aufgenommene Vorschlag von *Hennerkes* überlegenswert. Danach sollen sich die Aufsichtsräte ihre Geschäftsordnung selbst geben. Diese soll dann einmal jährlich veröffentlicht werden, so daß sich über die Signalwirkungen auf den Kapitalmärkten ein Wettbewerb der Aufsichtsratssysteme einstellt, an dessen Ende das beste System mit den höchsten Kurssteigerungen honoriert würde (nach *o. V.* 1996j).

Letztlich bestehen jedoch auch nach der Novellierung des AktG weiterhin die elementaren Schwierigkeiten der internen Managementkontrolle: Asymmetrische Informationsverteilungen und die Möglichkeit der Koalitionsbildung zwischen den einzelnen Unternehmensorganen gehen zu Lasten des Aktionärs und damit der volkswirtschaftlichen Effizienz. Dies läßt sich auch nicht durch eine noch so gelungene Reform von internen Mechanismen ändern.

---

für die Rechtsverfolgung ist aber in einer Marktwirtschaft eine denkbar sachfremde Organisationsregel".

138 Erleichterte Voraussetzungen wollten die *SPD* (1995, S. 339) und *Kübler* (1997, S. 49) auch für die Bestellung eines Sonderprüfers nach § 142 AktG durchsetzen, weil die angesprochenen groben Pflichtverletzungen oft erst durch eine Sonderprüfung ans Licht gelangen. Zu den Haftungsvoraussetzungen nach unterschiedlichen Normen siehe Tabelle 7.

6.5.3.2. Das nicht diskutierte Kernproblem der Mitbestimmung

Der schwächste Punkt in den Regelungen zum AR in bezug auf eine eigentumsorientierte Unternehmensverfassung und damit auf funktionierende Kontrollwirkungen des Kapitalmarktes ist die Zusammensetzung des Aufsichtsrats nach dem Mitbestimmungsgesetz 1976, dem Betriebsverfassungsgesetz 1952 und dem Montanmitbestimmungsgesetz 1951[139]. Die unter Kapitalmarktgesichtspunkten dringend notwendige Reform wird aber entweder aus politischer Rücksichtnahme oder mangels genauer Analyse der eigentumstheoretischen Zusammenhänge nicht angegangen.

Zunächst macht die Mitbestimmung die allgemeine Aufsichtsratstätigkeit nach Ansicht einiger Kritiker ineffizient und teuer (*Zöllner* 1994, S. 338). Besonders fachliche Inkompetenz bei Investitions- und Strategiefragen, der Verlust der Diskussionsqualität infolge politisierter Entscheidungsprozesse sowie die zu beobachtende Neigung der Unternehmensleitung, sensible Informationen (beispielsweise über geplante Rationalisierungen) gegenüber dem AR zurückzuhalten, werden hierbei beklagt (*Baums* 1995, S. 14; *Baums* 1996b, S. 172). Dem kann noch entgegengehalten werden, daß über die konglomerate Zusammensetzung von AR wesentliche Bereiche des öffentlichen Lebens nachgebildet und das verstreute Wissen in den Betrieben besser genutzt werden kann (*Behrens* und *Bierach* 1995, S. 76). Der negative Effekt der Mitbestimmung wird aber spätestens dann deutlich, wenn nach ihren Wirkungen auf die Kontrolleffizienz des MFU gefragt wird:

Es ist nämlich davon auszugehen, daß sich *nach* erfolgter (feindlicher) *Übernahme* bei dem Ziel der einschneidenden Änderung der Unternehmenspolitik Interessenkonflikte mit den Arbeitnehmervertretern im AR ergeben werden (*Nick* 1991, S. 873; *Lübbert* 1992, S. 124). Wenn auf diesem Wege die Absetzung des Vorstandes verzögert wird oder nicht durchsetzbar ist oder die Transaktionkosten der Übernahme durch Sozialpläne erhöht werden, wird die Mitbestimmung zu einer klassischen „Poison Pill", die den Takeover unattraktiv macht (*Adams* 1994b, S. 82). Da „[...] in praktisch keinem anderen Land [...] die Schutz- und Mitbestimmungsrechte der Arbeitnehmer und die konkreten Einflußmöglichkeiten ihrer Vertretungen auf die Unternehmenspolitik so ausgeprägt wie in der Bundesrepublik Deutschland [sind]" (*Nick* 1991, S. 873), erscheint es zumindest möglich, daß es sich bei der Mitbestimmung um einen Hauptgrund für die relative Bedeutungslosigkeit des MFU in Deutschland handelt.

Das fundamentale Problem der Mitbestimmung liegt allerdings in ihren Effekten auf das private Aktieneigentum als Ordnungsfaktor: Ihre alleinige Begründung anhand des Koalitionsmodells der Unternehmung[140] führt in die Irre. Danach ist die Unternehmensleitung ein „Diener vieler Herren", der gleichzeitig die Gruppeninteressen von Anteilseignern, Arbeitnehmern, Geschäftspartnern, Gläubigern und der Öffentlichkeit wahr-

---

139 Nach dem Montanmitbestimmungsgesetz 1952 ist der AR paritätisch zwichen Arbeitnehmern und Kapitalgebern besetzt. Das Mitbestimmungsgesetz 1976 verlangt ebenfalls eine paritätische Besetzung. Allerdings zählt die Stimme des von den Aktionären entsandten Vorsitzenden des AR bei Abstimmungen doppelt. Das Betriebsverfassungsgesetz 1952 gesteht den Arbeitnehmern ein Drittel der Sitze im AR zu.

140 Zu den Folgen für den Wettbewerb siehe Kapitel 3.3.3.

nehmen und gegebenenfalls zum Ausgleich bringen soll (*Reuter* 1995, S. 75)[141]. Weil so aber die Klarheit der Zielvorgaben an die Unternehmensleitung bezüglich der Ausrichtung am Gewinn- oder Marktwertziel und damit die Gleichrichtung mit den Aktionärsinteressen verlorengehen, entstehen sowohl für den AR als auch für den Vorstand Interpretationsspielräume für das Verständnis dessen, was als ordnungsgemäße Tätigkeit anzusehen ist (*Baums* 1995, S. 13f.). Zusätzlich erwachsen den Arbeitnehmern Ansprüche auf das Residualeinkommen der Kapitalgeber, ohne dafür das entsprechende Einkommensrisiko übernehmen zu müssen (*Leipold* und *Schüller* 1986, S. 6). Die so entstehende „Herrschaft ohne Risiko" verwischt den personalen Eigentümerbezug der AG und ihrer Organe. Die Mitbestimmung (im AR) ist daher mit den Grundgedanken des AktG und der Marktwirtschaft, wonach das Unternehmen nur als Mittel zur Verfolgung eines wirtschaftlichen Zwecks anzusehen ist und ihm sonst keine eigenen Interessen zugestanden werden, nicht vereinbar (*Zöllner* 1994, S. 338).

Im Ergebnis wurde mit dem Betriebsverfassungsgesetz und dem Mitbestimmungsgesetz die mediatisierte Eigentümerkontrolle der AG und die Verwirklichung der am Eigentum ausgerichteten Wettbewerbsordnung unnötig erschwert. Vor diesem Hintergrund ist es auch nicht verwunderlich, daß ausländische Unternehmen die Mitbestimmung als wesentliches Investitionshindernis betrachten. Weil sich massive Änderungen in der Mitbestimmungspraxis allerdings politisch sicherlich nicht durchzusetzen vermögen und vor allem der AR als originäres Kontrollorgan der Aktionäre „der falsche Ort" (*Zöllner* 1994, S. 338) für die Mitbestimmung ist, wäre als Ergänzung zum jetzt geltenden AktG der Vorschlag *Adams* (1994b, S. 82) überlegenswert, den Anteil der Aufsichtsratssitze für Arbeitnehmervertreter auf maximal ein Drittel zu beschränken.

6.6. Zusammenfassende Kritik an der Richtung der aktuellen Reformdiskussion

Zusammenfassend kann festgestellt werden, daß Teile der Aktienrechtsnovelle durchaus in die richtige Richtgung weisen. Dies gilt vor allem für die kapitalmarktorientierte Rechnungslegung im Konzern, die weitgehende Abschaffung stimmrechtsbeschränkender Maßnahmen und die deutlich erweiterten Offenlegungspflichten von Unternehmensverbindungen und personellen Verflechtungen, insbesondere in Verbindung mit der Ausübung des Depotstimmrechts. Zusammen sind diese Änderungen dazu geeignet, die Informationsgrundlage des Kapitalmarktes quantitativ und qualitativ zu verbessern. Auch die Einräumung eingeschränkter Rückkaufmöglichkeiten für eigene Aktien ist vor dem Hintergrund der Zuführung von Finanzressourcen zum Kapitalmarkt positiv zu beurteilen.

---

141 Das Koalitionsmodell der Unternehmung wird auch „unternehmensrechtlicher Ansatz" genannt. *Reuter* (1995, S. 99-104) weist darauf hin, daß mit den Urteilen des BVerfGe entgegen der herrschenden Meinung eher ein gesellschaftsrechtlicher Ansatz der Mitbestimmung gilt, wonach die Mitbestimmung im Aufsichtsrat nichts weiter ist als das „soziale Gewissen" eines Unternehmens. Dies behindere aber nicht die grundsätzliche Ausrichtung auf das Gewinnziel und Gesellschafterinteressen, sondern mache nur im Einzelfall die getroffenen Entscheidungen im Hinblick auf ihre konkreten Sozialwirkungen überprüfbar.

Negativ fällt dagegen auf, daß sich offenbar das Unternehmensverständnis und die Einstellung zu Unternehmensverbindungen generell nicht gewandelt hat. So scheint sich weder die Auffassung durchzusetzen, daß AR und Vorstand in erster Linie Aktionärsinteressen zu vertreten haben. Damit würde letztlich auch das volkswirtschaftliche Interesse nach einer dynamisch effizienten Kapitalallokation verfolgt. Noch werden wirklich ernsthafte Schritte unternommen, personelle und kapitalmäßige Verbindungen unter den Unternehmen wirkungsvoll zu bekämpfen. Außerdem wird tendenziell den Banken eine positive Kontrollfunktion zugesprochen, wodurch Kapitalmarktkoordination in größerem Umfang durch (hierarchische) Kreditbeziehungen, oder - in den Worten *von Hayeks* (1969) - spontane Ordnungen durch Organisationen ersetzt werden.

Darüber hinaus überwiegt weiter die Erkenntnis, daß Aktionärsinteressen am besten über die Stärkung der internen Kontrollstrukturen - also die sogenannte Aktionärsdemokratie - geschützt werden können. Die theoretischen und praktischen Defizite solcher Kontrollverfahren werden wenig thematisiert. Dadurch bleiben auch die Kontrollwirkungen des Kapitalmarktes in der Diskussion auffällig ein Randthema. Zumindest in weiten Kreisen der Politik - aber auch in Theorie und Praxis - sind daher schwerwiegende Schwächen des AktG von 1965 in bezug auf die Konformität mit der auf privatem Eigentum und dezentraler Entscheidungsfindung aufgebauten Wirtschafts- und Wettbewerbsordnung nicht erkannt oder aus politischen Erwägungen nicht in die Diskussion gebracht worden. *Brüderle (FDP)* ist letztlich darin Recht zu geben, die Regelungen als „typische Koalitionskompromisse ohne Mut zu einer substanziellen Reform" zu bezeichnen (*o. V.* 1996e).

7. Nicht diskutierte Probleme des Aktienrechts als Ausdruck einer teilweise verfehlten Reformdebatte

Die Konsequenz der „Mutlosigkeit" kann neben der Mitbestimmungsproblematik insbesondere anhand der Gewinnfeststellungs- und Gewinnverwendungsrechte verdeutlicht werden.

7.1. Ausschüttungsregelungen des AktG

7.1.1. Das Problem

In einer funktionierenden Wettbewerbsordnung stellt das einzelwirtschaftliche Vorteilskalkül der Aktionäre und der potentiellen Investoren, wonach Investitionen mindestens mit dem Marktzins verzinst sein müssen, sicher, daß (Finanz-)Ressourcen ihrer besten Verwendung zugeführt werden. Eine Unternehmensverfassung, die die Reallokation der Ressourcen nicht behindert, ist damit Funktionsvoraussetzung für effiziente Kapitalmärkte. Dazu müßte sie den Aktionären den möglichst umfangreichen Zugriff auf Vermögen und Gewinne einer AG erlauben. Genau diese breite Zuführung ist aber nach dem geltenden AktG (§ 58) mitnichten sichergestellt. Grundsätzlich ist es der HV nur möglich, über die Hälfte des sowieso um umfangreiche stille und offene Rücklagen geschmälerten Bilanzgewinns zu verfügen. Regelungen über die Entnahme aus durch die HV genehmigten Rücklagen fehlen sogar gänzlich.

Da darüber hinaus bisher keine geeigneten Disziplinierungsmechanismen wie ein funktionsfähiger MFU oder erfolgsabhängige Vergütungsregeln für Vorstände - zum Teil bedingt durch aktienrechtliche Regelungen - existierten und auch nicht zwingend erfolgsversprechend sind[142], ist es naheliegend, die Erweiterung der Ausschüttungskompetenzen der HV oder generelle Ausschüttungszwänge zu fordern (*Wagner* 1988, S. 216, S. 220). Für die volkswirtschaftlich effiziente Ressourcenallokation müssen dabei Ausschüttungen immer dann erfolgen, wenn den Aktionären höher verzinsliche Anlagealternativen zur Verfügung stehen. Das heißt aber auch, daß Ausschüttungen unmöglich auf Dividenden bzw. Periodengewinne beschränkt sein dürfen. Gerade unwirtschaftlich geführte Unternehmen sollten weitergehendem Kapitalabzug unterliegen (*Wagner* 1987, S. 423ff.).

7.1.2. Kritik an der Rechtfertigung der derzeitigen Regelung und Reformvorschlag

Dadurch entsteht zwangsweise eine „Gefahr" für den Bestand einzelner Unternehmen. Gegner verteidigen deshalb die geltenden Ausschüttungsregeln mit zwei Argumenten:

(1) Da heutige Aktiengesellschaften eine Verantwortung für ihr soziales Umfeld zu tragen hätten, unterläge auch das Aktieneigentum der sog. „Sozialpflichtigkeit", was eine Ausschüttungsbegrenzung auf Gewinne zur „Wahrung übergeordneter wirtschafts- und gesellschaftspolitischer Ziele" rechtfertige. Da dies ökonomisch betrachtet aber der gezielten Korrektur von Marktergebnissen entspricht, muß eine solche Regelung durch Marktversagen gerechtfertigt werden. Die dazu häufig vorgebrachte Begründung, durch bestandsgefährdende Kapitalabzüge entstünden negative, die Vermögens- und Einkommenspositionen anderer Bezugsgruppen gefährdende, pekuniäre externe Effekte, die sich beispielsweise in Arbeitsplatzverlusten niederschlagen könnten, ist aber volkswirtschaftlich schlicht falsch. Eine Gemeinwohlverpflichtung in der Erhaltung des Unternehmens zu sehen, heißt nur, bestehende externe positive Effekte (Quasi-Renten), die von einem Unternehmen bzw. von Kapitalanlagen auf Arbeitnehmer oder das Umfeld ausgehen, auf Kosten anderer Arbeitnehmer in anderen Unternehmen oder Regionen, zu konservieren. Es widerspricht daher allen ordnungspolitischen Grundsätzen, Kapitalgebern, die an den positiven externen Effekten ihres Handelns auf das direkte Umfeld des Unternehmens nicht teilhaben, die Rückgängigmachung dieser Effekte (Kapitalabzug) zu verweigern oder zu erschweren. Nach *Wagner* würden die Grundlagen der geltenden Rechts- und Wirtschaftsordnung zerstört, wenn „[...] in einer marktwirtschaftlichen Ordnung derjenige, der durch sein Markthandeln eine Veränderung der Einkommenspositionen bei anderen auslöst, für dieses ausgleichspflichtig gemacht wird, zumal, wenn

---

142 § 86 AktG, der die möglichen Gewinnbeteiligungen von Vorständen regelt, ist z. B. so angelegt, daß Vorstände sich in jedem Fall besser stellen, wenn Gewinne thesauriert werden (*Wagner* 1987, S. 417).
Zur bisherigen Bedeutungslosigkeit erfolgsabhängiger Vergütungsregeln *o. V.* (1996a,g).
Das KonTraG läßt jetzt sogenannte „stock options" als Entlohnungsbestandteil für Führungskräfte und Arbeitnehmer zu. Zu den Einzelheiten vgl. *Claussen* (1998, S. 185f.) und *Lingemann* und *Wasmann* (1998, S. 861).

er die Einkommenspositionen durch von ihm erzeugte positive externe Effekte erst aufgebracht hat" (*Wagner* 1988, S. 220-226).

(2) Vor allem von betriebswirtschaftlicher und juristischer Seite wird als weitere Verteidigung der derzeitigen Ausschüttungsregelung die These von der Notwendigkeit der Substanzerhaltung vorgebracht. Danach sind für die Sicherung der Organisation Unternehmung und die Erhaltung des Produktionspotentials weitgehende Selbstfinanzierungsmöglichkeiten erforderlich und sinnvoll (dazu z. B *Zöllner* und *Noack* 1991, S. 123)[143]. Auch diese Argumentation ist aus volkswirtschaftlicher Sicht schlicht falsch. Der Fehler besteht hierbei darin, den Erhalt der Unternehmen mit dem Erhalt der Wettbewerbsordnung gleichzusetzen (*Wagner* 1988, S. 214f.). Für eine funktionsfähige Wettbewerbsordnung im Sinne einer dynamisch effizienten Ressourcenallokation dürfen aber unrentable Unternehmen nicht um jeden Preis erhalten werden. Deshalb darf auch der Prozeß des „Wettbewerbs als Entdeckungsverfahren" nicht durch staatliche Garantien oder andere bewußte oder ordnungsbedingte Verzerrungen, wie den geltenden Ausschüttungsregelungen, gefährdet werden[144].

Insgesamt ist damit zumindest die Erweiterung der Ausschüttungskompetenzen der Hauptversammlungen geboten (so auch *Monopolkommission* 1988, Tz. 142ff.). Besser noch wären dagegen generelle Ausschüttungszwänge. Dies würde dem einzelnen Aktionär die Entscheidung überlassen, ob er seine anteiligen Profite im Unternehmen reinvestieren möchte, oder einer anderen Anlagealternative zuführt (ähnlich *von Hayek* 1967, S. 307f.; *Schüller* 1979, S. 332f.).

In beiden Fällen stellt sich die Frage, was der richtige Bezugspunkt für die Ausschüttungen ist. Der Bilanzgewinn scheint relativ ungeeignet, da hier etwaige Bewertungsmanipulationen nicht berücksichtigt würden (*Fehl* und *Oberender* 1986, S. 140; *Wagner* 1987, S. 421ff.). Zudem würden gewinnlose Unternehmen durch einen solchen Bezugspunkt nicht in ihrem Bestand bedroht - zumindest dann, wenn von den Kontrollwirkungen des MFU abgesehen wird. „Schütt-Aus-Hol-Zurück"-Politiken[145], die in diesem Zusammenhang für produktive Unternehmen die Neuanlage der ausgeschütteten Gewinne sicherstellen sollen, erhöhen dann tendenziell nur die Transaktionskosten, ohne für die Kapitalallokation größere Vorteile zu bringen.

Für die Förderung des dynamischen Wettbewerbs sind daher kapitalbestandsabhängige bzw. Festbetragsausschüttungen geeignet. Diese könnten etwa auf einen bestimmten Anteil des Aktiennennwertes oder des Vermögensbestandes lauten. Dadurch würde (1) die Abschottung der Unternehmensleitungen von den Kontrollmechanismen des

---

143 Daß damit - entgegen aller Beteuerungen - die Idee vom „Unternehmen an sich" des AktG von 1937 nicht verschwunden ist, kann man schon allein anhand der einschlägigen Kommentare zu § 76 AktG ersehen (siehe z. B. *Zöllner* 1995, S. 629-633).

144 Wie deutlich volkswirtschaftlich richtiges Verhalten gerade von Kleinaktionären verfolgt wird, zeigen Erfahrungen in den USA, wo durchaus kurz- und mittelfristige Voll- und Teilliquidationen von Unternehmen auf Betreiben von Aktionären zustande kommen (*Wenger* 1992, S. 81).

145 „Schütt-Aus-Hol-Zurück" meint, die ausgeschütteten Beträge mit Hilfe von Neuemissionen wieder im Unternehmen zu binden. Dies ließe sich vermutlich auch formal recht einfach durchführen (*Schüller* 1997, S. 207).

Kapitalmarktes aufgebrochen, (2) mit dem allgemein verbreiterten Kapitalmarkt neuen Unternehmen eine bessere Chance auf Eigenkapitalfinanzierung einräumt und so letztlich (3) der Strukturwandel gefördert (ähnlich *Kallfass* 1992a, S. 301)[146].

In abgeschwächter Form gilt dies auch für die Empfehlung *Wagners* (1987, S. 425), einen Teil der Dividende erfolgsunabhängig zu garantieren und weitere Entscheidungen über erfolgsabhängige Ausschüttungen sowie Kapitalentzug durch Mehrheitsbeschluß der Hauptversammlung zu übertragen. Allerdings stellt sich in beiden Fällen die Frage der politischen Durchsetzbarkeit. Vielleicht wäre aus diesem Grund der pragmatische (und „harmlosere") Vorschlag der *Monopolkommission* (1988, Tz. 142) überlegenswert, die Gewinnverwendungsentscheidung auf die Hauptversammlung zu verlagern, sobald die freien Rücklagen die Hälfte des Grundkapitals erreicht haben.

7.2. Reformbedarf im Recht der Konzerne

7.2.1. Allgemeine Problematik

Auffällig in der derzeitigen Reformdebatte ist darüber hinaus, daß Probleme des Konzernrechts bestenfalls am Rande behandelt werden, obwohl mehr als zwei Drittel aller deutschen Kapitalgesellschaften als Konzern bestehen (*Herkenroth* 1994, S. 27). Kernproblem des AktG ist dabei, daß juristischen Personen die Stimmrechtsfähigkeit zugestanden wird. Weil gleichzeitig für die Beherrschung einer Gesellschaft auf Kapitalbasis (faktischer Konzern)[147] für die meisten Entscheidungen die einfache HV-Mehrheit genügt, ist dem Konzernrecht ein „Konzernierungsmotor" (*Fehl* und *Oberender* 1986, S. 145) eingebaut und die Aktie weitgehend ein „Instrument der Beherrschung" geblieben: Externes Wachstum ist im Vergleich zu internem Wachstum generell mit dem halben Kapitaleinsatz (angesichts sinkender HV-Präsenzen sogar mit noch weniger) zu bewerkstelligen. Durch Konzernierung wird es dem beherrschenden Unternehmen im Wege einer etwaigen Übervorteilung der abhängigen Gesellschaft und ihrer Aktionäre außerdem möglich, sich Kapital unter den Marktkosten zu beschaffen, was die Konzentration zusätzlich fördert (*Herkenroth* 1994, S. 71ff.). Beides liegt darin begründet, daß das AktG die Ausübung von Leitungsmacht zum Nachteil der beherrschten Gesellschaft bei „angemessenem Ausgleich" der außenstehenden Aktionäre erlaubt (siehe Kapitel 5.3.3.2.). Diese Regelung leidet aber an einem grundlegenden Defizit: Die Bewertung der Wirkungen, die von der Konzernierung auf den einzelnen Aktionär ausgehen, ist nicht durchführbar. Damit muß auch der gesetzliche Vorsatz, abhängige Gesellschaften durch richtige Bemessung des Nachteilsausgleichs oder entsprechende Angaben im Abhängigkeitsbericht so zu stellen, als ob sie als eigenständiges Unternehmen auftreten, scheitern (*Kropff* 1991, S. 46ff.).

---

146 Dies würde vielleicht auch die dem deutschen Aktienrecht innewohnende Einstellung, „Nicht-Verlust" als Gewinn zu interpretieren, endlich beseitigen. Fraglich ist indes, ob sich dies wegen des Gläubigerschutzgedankens des § 57 Abs. 2 AktG durchsetzen läßt (*Wagner* 1987, S. 422f.). § 57 AktG verbietet die Zahlung von Zinsen auf die Einlagen in eine Aktiengesellschaft.

147 Wegen der augenfällig hohen Zahl faktischer Konzerne auf Beteiligungsgrundlage beschränkt sich die folgende Darstellung auf die Probleme der §§ 311ff. AktG.

7.2.2. Minderheitenschutz bei der Entstehung von Konzernen

Ausgehend von diesem Tatbestand wird vor allem in juristischen Kreisen ein sogenannter Konzerneingangsschutz gefordert, wie er beispielsweise in den USA oder in Großbritannien bereits existiert[148]: Diese Art von Minderheitenschutz läßt die Aktionäre schon in der Entstehungsphase von Konzernen an den Gewinnen der Konzernierung partizipieren.

Vor diesem Hintergrund will die Erarbeitung der 13. EU-Richtlinie vom 07.02.1996 das europäische Recht für Übernahmeangebote einander angleichen (vgl. dazu *Neye* 1996, *o. V.* 1999)[149]. Diese Rahmenrichtlinie, die zur Zeit kurz vor ihrer endgültigen Absegnung durch das Europäische Parlament und die nationalen Regierungen steht, enthält Mindestanforderungen an Übernahmeverfahren, die in jedem Land gewährt werden müssen. Allerdings läßt sie den Mitgliedstaaten freie Hand, strengere Regelungen für den „angemessenen Schutz" der Minderheitenaktionäre auf nationaler Ebene zu erlassen[150].

Da die Diskussion über Sinn und Zweck einer solchen Regelung im Prinzip auf die Frage der richtigen Regulierung des MFU hinausläuft, kann an dieser Stelle auf eine umfangreiche Erörterung verzichtet werden (siehe dazu Kapitel 4.3.5.)[151]. Auch wenn der Konzerneingangsschutz sicherlich dazu angetan ist, außenstehende Aktionäre im Falle eines Übernahmeangebots besser zu schützen und so tendenziell auf Übervorteilung beruhende Übernahmen zu verhindern, sollten die negativen Wirkungen auf den ohnehin schwach entwickelten deutschen Übernahmemarkt nicht übersehen werden.

7.2.3. Stimmrechtsausschluß von juristischen Personen oder verschärfte Haftung?

Neben dem Konzerneingangsschutz sollte der Gesetzgeber darüber hinaus die Wettbewerbswirkungen von (wechselseitig verflochtenen) Konzernen nicht in dem Maße ignorieren, wie er es bisher tut. Damit Beteiligungen nicht mehr aus Beherrschungs-

---

148 Vgl. unter u. a. *Zöllner* (1994, S. 338); *Becker* (1991, S. 469); *Westermann* (1991, S. 110).

149 In der ursprünglichen Fassung war diese Richtlinie noch wesentlich detaillierter ausgearbeitet und in wesentlichen Regelungen dem britischen „City Code on Takeovers" (vgl. hierzu *Beckmann* 1995, *Herkenroth* 1994, S. 242ff.) angeglichen.

150 Grundsätze des Kodexes sind: Gleichbehandlung aller Inhaber von Wertpapieren der Zielgesellschaft, sachlich und zeitlich hinreichende Information der Anteilsempfänger, Vermeidung von Marktverzerrungen, Rechte und Pflichten der Zielgesellschaft (*Neye* 1996, S. 1122).

In Deutschland wird damit der seit dem 1.10.1995 bestehende freiwillige Übernahmekodex der Börsensachverständigenkommission abgelöst oder überarbeitet in geltendes Recht umgesetzt werden müssen. Zu den einzelnen Regelungen dieses Kodexes siehe *Neye* (1996, S. 1122); *o. V.* (1996o).

151 So wurde vom *BDI* (1995b, S. 5) insbesondere die Verpflichtung des Managements der Zielgesellschaft, keine Abwehrmaßnahmen zu ergreifen, kritisiert. Die Abgabe des Pflichtangebots kann dagegen neben konzentrationsfördernden Wirkungen mögliche Übernahmen unangemessen verteuern (*Beckmann* 1995, S. 2410).

gründen, sondern nur aus Anlagegründen erworben würden, schlägt *Schüller* (1979, S. 337) die Beschränkungen der Stimmrechtsfähigkeit juristischer Personen vor[152].

Hierdurch käme jedoch der Übernahmemarkt völlig zum Erliegen. Seine Disziplinierungswirkung auf das Management entfiele, und unrentable Investitionen aus dem „Free Cash Flow" könnten nicht verhindert werden. Deshalb wäre eine solche Regelung unbedingt mit deutlich erweiterten Dividendenrechten der Aktionäre zu flankieren. Wenn vornehmliches Ziel die Stärkung der Stellung des Aktionärs sein soll, dann wäre zusätzlich das Depotstimmrecht abzuschaffen und Maßnahmen zur Verhinderung der Umgehung der Stimmrechtsbeschränkung durch Strohmänner zu treffen (*Fehl* und *Oberender* 1986, S. 142ff.)[153]. Der *SPD*-Vorschlage, wenigstens die Stimmausübung bei wechselseitigen Beteiligungen ab 3% zu verbieten, weist aber in die richtige Richtung. Die Novellierung des AktG bleibt demgegenüber zurückhaltend (siehe dazu Kapitel 6.1.2.).

Eine andere und auch leichter umzusetzende Möglichkeit, Konzentrationskäufe zu verhindern oder zumindest riskanter zu gestalten, wäre, die Haftung der beherrschenden Gesellschaft für Geschäfte der abhängigen Gesellschaft zu verschärfen. Diese würde dann rechtlich behandelt, wie sie wirtschaftlich gestellt ist: „als Filiale der herrschenden Firma" (*Eucken* 1990/52, S. 282)[154]. Die jetzt vorgesehenen Erleichterungen der Klagevoraussetzungen gegenüber Aufsichtsräten und Vorständen (siehe dazu Kapitel 6.5.2.3.) gehen jedenfalls für die Stärkung der Verantwortungsdimension des Kapitalmarktes auf den Gütermarkt nicht weit genug.

8. Schlußbemerkungen

Abschließend kann festgestellt werden, daß weder die Aktienrechtsreform 1965 noch die Debatte um das KonTraG die Bedeutung der Unternehmenskontrolle durch den Kapitalmarkt ausreichend würdigt. Wenn auch die Reform 1965 mit dem Ziel angetreten war, die Innenfinanzierung der Unternehmen zu beschränken, so zeigt sich im endgültigen Gesetzestext, wie weit sich die Interessen der wirtschaftlichen Verbände durchzusetzen vermochten - auch infolge von nicht zu übersehendem Rent-Seeking.

Aber anstatt den offensichtlichen Fehler in der Konzeption der Ausschüttungsregeln des AktG auszugleichen, wird mit dem KonTraG versucht, die internen, unter vielfältigen Mängeln leidenden Kontrollmechanismen zu stärken. Dadurch und insbesondere

---

152 Siehe dazu auch *von Hayek* (1967, S. 309ff.). *Wenger* (1997, S. 62) geht hier noch weiter. Er fragt, inwieweit es Unternehmen überhaupt gestattet sein sollte, Beteiligungen zu erwerben, die nicht dem eigentlichen Geschäftszweck des betreffenden Unternehmens dienen und sich als reine Finanzbeteiligungen darstellen. Hier wäre allerdings die Frage zu stellen, wo die Grenze zu ziehen wäre. Außerdem behindert dies Anpassungen des Unternehmens an neue Marktbedingungen, da bestimmte Reaktionen von vornherein ausgeschlossen würden.

153 Weil aber gerade im internationalen Vergleich eine solche Regelung nach Wissen des Verfassers einmalig wäre, stellt sich die Frage der Durchsetzbarkeit. Die Verschärfung der Haftung ist dagegen weniger problamtisch.

154 Allerdings ist es nach herrschender Meinung auch heute schon möglich, die herrschende Gesellschaft für ihr Handeln verantwortlich zu machen. Im Insolvenzfall gilt nämlich der sogenannte Haftungsdurchgriff auf die Muttergesellschaft.

durch die geplanten Maßnahmen zur Transparenz von personellen und kapitalmäßigen Verflechtungen der Industrie- und Finanzunternehmen (die allerdings im Vegleich zu den Vorschlägen der *SPD* oder *Adams* relativ „human" bleiben) sind zwar positive Effekte zur Verringerung der asymmetrischen Informationsverteilung zwischen Anleger und Unternehmensleitungen und damit auf den deutschen Kapitalmarkt zu erwarten. Das kann aber nicht darüber hinwegtäuschen, daß die grundlegende Ausrichtung des AktG bzw. die Interpretation der Aufgaben des Vorstands (§ 76), die das Aktieneigentum nahezu wie einen „Schenkungsfall" behandelt oder zumindest von der „altruistischen Hingabe" (*Adams* 1990b, S. 246) durch den Aktionär ausgeht, offensichtlich nicht als veränderungsbedürftig empfunden wird. Ergebnis solch einer fehlverstandenen Bedeutung des Privateigentums sind Wettbewerbsbeschränkungen auf Gütermärkten und enorme Kapitalfehllenkungen durch interne Kapitalmärkte und nicht sanktioniertes eigennütziges „visionäres" Verhalten des Managements. Wegen der summa summarum unzureichenden Aktienrechtsnovelle wird die Mahnung *von Hayeks* (1967, S. 311) an die Ordnungspolitik weiter aktuell bleiben: „The tendency of corporations to develop into selfwilled and possibly irresponsible empires, aggregates of enormous und largely uncontrollable power, is not a fact which we must accept as inevitable, but largely the result of special conditions which the law has created und the law can change."

Literatur

Adams, Michael (1989), Der Markt für Unternehmenskontrolle und sein Mißbrauch, in: Die Aktiengesellschaft, 34. Jg., Heft 10, S. 333-338.

Adams, Michael (1990a), Höchststimmrechte, Mehrfachstimmrechte und sonstige wundersame Hindernisse auf dem Markt für Unternehmenskontrolle, in: Die Aktiengesellschaft, 35. Jg., Heft 2, S. 63-78.

Adams, Michael (1990b), Was spricht gegen eine unbehinderte Übertragbarkeit der in Unternehmen gebundenen Ressourcen durch ihre Eigentümer?, in: Die Aktiengesellschaft, 35. Jg., Heft 6, S. 243-252.

Adams, Michael (1994a), Die Ursurpation von Aktionärsbefugnissen mittels Ringverflechtung in der „Deutschland AG", in: Die Aktiengesellschaft, 39. Jg., Heft 4, S. 148-158.

Adams, Michael (1994b), Stellungnahme, in: ZBB-Dokumentation: Die Macht der Banken - Anhörung im Bundestag, Zeitschrift für Bankrecht und Bankwirtschaft, 6. Jg., Heft 1, S. 77-86.

Adams, Michael (1997), Stellungnahme zur Aktienrechtsreform 1997, in: Die Aktiengesellschaft, Sonderheft August 1997, S. 9-26.

Aschinger, Gerhard (1991), Theorie spekulativer Blasen, in: Wirtschaftswissenschaftliches Studium, 20. Jg.; Heft 6, S. 270-274.

Baetge, Jörg und *Stefan Thiele* (1997): Gesellschafterschutz versus Gläubigerschutz - Rechenschaft versus Kapitalerhaltung, in: *Budde, Wolfgang Dieter, Adolf Moxter* und *Klaus Offerhaus* (Hg.), Handelsbilanzen und Steuerbilanzen, Festschrift zum 70. Geburtstag von Prof. Dr. h. c. Heinrich Beisse, Düsseldorf, S. 11-24.

Ballerstedt, Kurt (1962), Aktienrechtsreform und Unternehmensverfassung, in: *Friedrich-Ebert-Stiftung* (1962), S. 33-64.

Baums, Theodor (1990), Höchststimmrechte, in: Die Aktiengesellschaft, 35. Jg., Heft 6, S. 221-242.

Baums, Theodor (1995), Der Aufsichtsrat - Aufgaben und Reformfragen, in: Zeitschrift für Wirtschaftsrecht, 16. Jg., Heft 1, S. 11-18.

Baums, Theodor (1996a), Vollmachtstimmrecht - Ja oder Nein?, in: Die Aktiengesellschaft, 41. Jg., Heft 1, S. 11-26.

Baums, Theodor (1996b), Wesentliche Reformfragen werden nicht gestellt, in: Wirtschaftsdienst, 76. Jg., Heft 4, S. 171-174.

Baums, Theodor (1997), Stellungnahme zur Aktienrechtsreform 1997, in: Die Aktiengesellschaft, Sonderheft August 1997, S. 26-38.

Baums, Theodor und *Christian Fraune* (1995), Institutionelle Anleger und Publikumsgesellschaft: Eine empirische Untersuchung, in: Die Aktiengesellschaft, 40. Jg., Heft 3, S. 97-112.

Baums, Theodor und *Philipp von Randow* (1995), Der Markt für Stimmrechtsvertreter, in: Die Aktiengesellschaft, 40. Jg., Heft 4, S. 145-163.

BDB (1994), Stellungnahme, in: ZBB-Dokumentation: Die Macht der Banken - Anhörung im Bundestag, Zeitschrift für Bankrecht und Bankwirtschaft, 6. Jg., Heft 1, S. 70-76.

BDI (1995a), Rundschreiben RV 13/95 vom 13.02.95: Aktienrechtsreform.

BDI (1995b), Rundschreiben RV 142/95 vom 12.12.95: 92. Sitzung des Rechtsausschusses am 29. November 1995 in Köln.

BDI (1995c), Stellungnahme des Bundesverbandes der Deutschen Industrie zu Reformüberlegungen zum Vollmachtstimmrecht (Depotstimmrecht) vom 31.05.1995.

BDI (1995d), Stellungnahme des Bundesverbandes der Deutschen Industrie zu verschiedenen Vorschlägen zur weiteren Reform des Aktienrechts vom 31.05.1995.

BDI (1996a), Rundschreiben RV 49/96 vom 01.04.96: Aktienrechtsreform - hier: Erwerb eigener Aktien sowie gegenseitige Beteiligungen (Enthält Gutachten des DAI zum Erwerb eigener Aktien).

BDI (1996b), Stellungnahme zum Erwerb eigener Aktien vom 20.05.96.

BDI, Bundesverband des privaten Bankgewerbes, Bundesvereinigung der Deutschen Arbeitgeberverbände und *DIHT* (1959), Gemeinsame Stellungnahme zu dem Referentenentwurf eines Aktiengesetzes vom Oktober 1958, Bergisch-Gladbach.

Bea, Franz X. und *Steffen Scheurer* (1994), Die Kontrollfunktion des Aufsichtsrats, in: Der Betrieb, 47. Jg., Heft 43, S. 2145-2152.

Becker, Michael (1991), Die Behandlung des Konzerns nach allgemeinen Rechtsgrundsätzen im deutschen Recht, in: *Ernst-Joachim Mestmäcker* und *Peter Behrens* (Hg.), Das Gesellschaftsrecht der Konzerne im internationalen Vergleich, Baden-Baden, S. 419-472.

Beckmann, Ralph (1995), Der Richtlinienvorschlag betreffend Übernahmeangebote auf dem Weg zu einer europäischen Rechtsangleichung, in: Der Betrieb, 48. Jg., Heft 48, S. 2407-2411.

Behrens, Bolke und *Babara Bierach* (1995), Normale Mängel, in: Wirtschaftswoche, Heft 18 vom 27.04.95, S. 72-85.

Beisse, Heinrich (1993), Gläubigerschutz - Grundprinzip des deutschen Bilanzrechts, in: *Heinrich Beisse, Marcus Lutter* und *Heribald Närger* (Hg.), Festschrift für Karl Beusch, Berlin und New York, S. 76-97.

Bender, Karl (1994), Fortbildung des Aktienrechts: Verbesserung der Funktionsfähigkeit der Gesellschaftsorgane notwendig, in: Der Betrieb, 47. Jg., Heft 39, S. 1965-1968.

Blanke, Gernot (1994), Private Aktiengesellschaft und Deregulierung des Aktienrechts, in: Betriebs-Berater, 49. Jg., Heft 22, S. 1505-1512.

BMJ (1996), Reform des Aktienrechts - Eine Information des Bundesministeriums der Justiz 15/96.

BMJ (1998), Gesetz zur Kontrolle und Transparenz im Unternehmenbereich (KonTraG) verabschiedet, Mitteilung des Bundesmindesteriums der Justiz vom 5. März 1998 (überarbeitet am 21. April 1998), Internetquelle: http://www.bmj.bund.de/misc/ 1998/m_kontr.htm.

Böhm, Franz (1976), Die Kapitalgesellschaft als Instrument der Unternehmenszusammenfassung, in: *Gutzler, Helmut, Wolfgang Herion* und *Joseph H. Kaiser* (Hg.), Wettbewerb im Wandel, Baden-Baden, S. 149-166.

Böhm, Jürgen (1992), Der Einfluß der Banken auf Großunternehmen, Hamburg.

Burgmaier, Stefanie und *Patricia Werner* (1994), Auf Trab bringen, in: Wirtschaftswoche, Heft 6 vom 04.02.1994, S. 88-96.

Busse von Colbe, Walther (1995), Zur Anpassung von Kapitalgesellschaften an internationale Normen, in: Betriebswirtschaftliche Forschung und Praxis, 47. Jg., Heft 4, S. 373-391.

Claßen, Wolfgang, Tasso Enzweiler und *Walter Hillebrand* (1996), Wie deutsche Konzerne mit ihren Bilanzen jonglieren, in: Capital, Heft 10, S. 36-78.

Claussen, Carsten P. (1990), 25 Jahre deutsches Aktiengesetz von 1965 (I), in: Die Aktiengesellschaft, 35. Jg., Heft 12, S. 509-517.

Claussen, Carsten P. (1991), 25 Jahre deutsches Aktiengesetz von 1965 (II), in: Die Aktiengesellschaft, 36. Jg., Heft 1, S. 10-18.

Claussen, Carsten P. (1998), Wie ändert das KonTraG das Aktiengesetz?, in: Der Betrieb, 51. Jg., Heft 4, S. 177-186.

DAI (Hg.) (1998a), DAI-Factbook 1998, Frankfurt am Main.

DAI (1998b), Pro Stückaktie, Mitteilung vom 18.2.1998, Internetquelle: http://www.dai.de.

Decker, Rolf O. A. (1994), Eine Prinzipal-Agenten-theoretische Betrachtung von Eigner-Manager-Konflikten in der Kommanditgesellschaft auf Aktien und der Aktiengesellschaft, Bergisch-Gladbach und Köln.

Deutsche Bundesbank (1997), Die Aktie als Finanzierungs- und Anlageinstrument, in: Monatsbericht, 49 Jg., Heft 1, S. 27-41.

DIHT (o. J.), Ergebnisse der bisherigen Beratungen zur Reform des Aktienrechts, Bonn.

Die Aktiengesellschaft (1997), Aktienrechtsreform 1997, Sonderheft, August 1997.

Dörner, Dietrich und *Peter Oser* (1995), Erfüllen Aufsichtsrat und Wirtschaftsprüfer ihre Aufgaben?, in: Der Betrieb, 48. Jg., Heft 22, S. 1085-1093.

Dülfer, Eberhard (1962), Die Aktienunternehmung, Göttingen.

Eucken, Walter (1990), Grundsätze der Wirtschaftspolitik, 6., durchgesehene Auflage, Tübingen.

Fama, Eugene F. und *Michael C. Jensen* (1983), Separation of Ownership and Control, in: Journal of Law and Economics, Vol. 26, Heft Juni, S. 301-325.

Fehl, Ulrich und *Peter Oberender* (1986), Unternehmensverfassung, Kapitalmarktordnung und Wettbewerb: Zum Einfluß gesellschaftsrechtlicher Dimensionen der Kapitalmarktordnung auf den Wettbewerbsprozeß, in: *Helmut Leipold* und *Alfred Schüller* (Hg.) (1986), S. 137-151.

Flassak, Hansjörg (1995), Der Markt für Unternehmenskontrolle, Bergisch-Gladbach und Köln.

Flume, Werner (1959), Grundfragen der Aktienrechtsreform, Düsseldorf.

Flume, Werner (1962), Die konzernrechtliche Gestaltung im Aktienrecht, in: *Friedrich-Ebert-Stiftung* (Hg.), Zur großen Aktienrechtsreform, Hannover, S. 65-92.

Forster, Karl-Heinz (1995), MG, Schneider, Balsam und die Folgen - Was können Aufsichtsräte und Abschlußprüfer gemeinsam tun?, in: Die Aktiengesellschaft, 40. Jg., Heft 1, S. 1-7.

Friedrich-Ebert-Stiftung (Hg.) (1996), Aufsichtsräte und Banken: Kontrolldefizite und Einflußkumulation in der deutschen Wirtschaft, Reihe „Wirtschaftspolitische Diskurse" Nr. 99, Bonn.

Geßler, E. (1961), Wendung in der Aktienrechtsdebatte, in: Betriebs-Berater, 16. Jg., Heft 11, S. 417-420.

Geßler, E. (1965), Das neue Aktienrecht, in: Betriebs-Berater, 20. Jg., Heft 17, S. 677-683.

Hahn, Jürgen (1994), „Kleine AG", eine rechtspolitische Idee zum unternehmerischen Erfolg, in: Der Betrieb, 47. Jg., Heft 33, S. 1659-1665.

Hansen, Herbert (1994), Das Gewicht der Banken in Aufsichtsräten deutscher Aktiengesellschaften, in: Die Aktiengesellschaft, 39. Jg., Heft 3, S. R 76-79.

Hansen, Herbert (1995a), Anmerkung zur Diskussion um die Macht der Banken, in: Die Aktiengesellschaft, 40. Jg., Heft 11, S. R 458-463.

Hansen, Herbert (1995b), Der Anteil der Privatpersonen am Aktienbesitz ging weiter zurück, in: Die Aktiengesellschaft, 40. Jg., Heft 10, S. R 419-422.

Hansen, Herbert (1996), Der deutsche Aktienmarkt: Entwicklungen, Veränderungen, Strukturen, Die Aktiengesellschaft, Sonderheft Oktober 1996.

Häuser, Karl (1995), Artikel „Kapitalmarkt", in: Handwörterbuch des Bank- und Finanzwesens, 2. Aufl, Stuttgart, S. 1125-1136.

Hax, Karl (1962), Aktienrechtsreform und Publizität der Unternehmungen, in: *Friedrich-Ebert-Stiftung* (Hg.), Zur großen Aktienrechtsreform, Hannover, S. 93-127.

Hayek, Friedrich A. von (1945), The Use of Knowledge in Society, in: The American Economic Review, Vol. 35, No. 4, S. 519-530.

Hayek, Friedrich A. von (1967): Studies in Philosophy, Politics and Economics, Chicago.

Hayek, Friedrich A. von (1969): Arten der Ordnung, in: Freiburger Studien (Gesammelte Aufsätze), Tübingen, S. 32-46.

Helmstädter, Ernst (1991), Eigentum und Kapitalwirtschaft in der Ordnungspolitik, in: ORDO, Band 42, S. 235-251.

Herkenroth, Klaus E. (1994), Konzernierungsprozesse im Schnittfeld von Konzernrecht und Übernahmerecht: Rechtsvergleichende Untersuchungen der Allokationseffizienz unterschiedlicher Spielregeln von Unternehmensübernahmen (Schriften zur wirtschaftswissenschaftlichen Analyse des Rechts, 18), Berlin.

Hommelhoff, Peter und *Daniela Mattheus* (1998), Corporate Governance nach dem KonTraG, in: Die Aktiengesellschaft, 43. Jg., Heft 6, S. 249-259.

Hopt, Klaus J. (1997), Stellungnahme zur Aktienrechtsreform 1997, in: Die Aktiengesellschaft, Sonderheft August 1997, S. 42-48.

Horn, Ernst-Jürgen (1994), Neuere Entwicklungen auf dem deutschen Kapitalmarkt: Institutionen, Marktstrukturen und Marktergebnisse (Kieler Studien, 263), Tübingen.

Jens, Uwe (1994), Für mehr Transparenz und Wettbewerb, in: Wirtschaftsdienst, 74. Jg., Heft 7, S. 331-335.

Jensen, Michael C. (1988), Takeovers: Their Causes and Consequences, in: Journal of Economic Perspectives, Vol. 2, Heft 1, S. 21-48.

Jensen, Michael C. und *William H. Meckling* (1976), Theory of the Firm: Managerial Behaviour, Agency Costs and Ownership Structure, in: Journal of Financial Economics, Vol. 3, S. 305-360.

Kallfass, Hermann H. (1991), Ökonomische Analyse der Konzernbildung, in: *Ernst-Joachim Mestmäcker* und *Peter Behrens* (Hg.), Das Gesellschaftsrecht der Konzerne im internationalen Vergleich, Baden-Baden, S. 19-48.

Kallfass, Hermann H. (1992a), Kapitalmarktkoordination: Die Koordinationsprozesse über Märkte für Beteiligungstitel in der Theorie und in der westdeutschen Realität (Wirtschaftspolitische Studien, 90), Göttingen.

Kallfass, Hermann H. (1992b), Managementkontrolle in Publikumsgesellschaften, in: Hamburger Jahrbuch für Wirtschafts- und Gesellschaftspolitik, 37. Jahr, S. 277-290.

Kallfass, Hermann H. (1996), Wettbewerbliche Prozesse stärken, in: Wirtschaftsdienst, 76. Jg., Heft 4, S. 167-171.

Klug, Ulrich (1959), Die Neuordnung des Bankenstimmrechts, in: *Samson Benvenito* (Hg.), Aktuelle Probleme aus dem Gesellschaftsrecht und anderen Rechtsgebieten (Festschrift für Walter Schmidt), S. 39-70.

Kropff, Bruno (1965), Aktiengesetz, Düsseldorf.

Kropff, Bruno (1991), 25 Jahre Aktiengesetz - was waren die Ziele und was wurde erreicht?, in: *Marcus Lutter* (Hg.), 25 Jahre Aktiengesetz: ein Symposium der Deutschen Schutzvereinigung für Wertpapierbesitz e. V. am 30. Oktober 1990 in Bonn, Düsseldorf, S. 19-51.

Kübler, Friedrich (1994), Aktienrechtsreform und Unternehmensverfassung, in: Die Aktiengesellschaft, 39. Jg., Heft 4, S. 141-148.

Kübler, Friedrich (1995), Institutioneller Gläubigerschutz oder Kapitalmarkttransparenz?, in: Zeitschrift für das gesamte Handels- und Wirtschaftsrecht, 159. Jg., S. 550-566.

Kübler, Friedrich (1997), Stellungnahme zur Aktienrechtsreform 1997, in: Die Aktiengesellschaft, Sonderheft August 1997, S. 48-52.

Küller, Hans-Detlev (1995), Statt Reform Beschneidung?, in: Die Mitbestimmung, 41. Jg., Heft 11, S. 48-50.

Küting, Karlheinz (1996), Jahresabschlüsse sind für Aktionäre da, in: FAZ, Nr. 239 vom 14.10.96, S. 21.

Küting, Karlheinz und *Peter Lorson* (1999), Die schleichende Amerikanisierung deutscher Unternehmen, in: FAZ, Nr. 278 vom 29.11.99, S. 28.

Lambsdorff, Otto Graf (1994), Konsistente ordnungspolitische Rahmenregelungen sind notwendig, in: Wirtschaftsdienst, 74. Jg., Heft 7, S. 335-338.

Lambsdorff, Otto Graf (1996), An die Bankenbeteiligungen gehen, in: FAZ, Nr. 211 vom 10.09.96, S. 18.

Leimkühler, Claudia (1996), Ist die öffentliche Kritik am deutschen Aufsichtsratssystem gerechtfertigt?, in: Die Wirtschaftsprüfung, 49. Jg., Heft 8, S. 305-313.

Leipold, Helmut (1984), Eigentum und Wirtschaftsordnung, in: *Hans Günter Krüsselberg* (Hg.) (1984), Vermögen im Systemvergleich (Schriften zum Vergleich von Wirtschaftsordnungen, 34), Stuttgart und New York, S. 21- 36.

Leipold, Helmut und *Alfred Schüller* (1986), Unternehmen und Wirtschaftsordnung: Zu einem integrierten dynamischen Erklärungsansatz, in: *Helmut Leipold* und *Alfred Schüller* (Hg.) (1986), S. 3-40.

Leipold, Helmut und *Alfred Schüller* (Hg.) (1986), Zur Interdependenz von Unternehmens- und Wirtschaftsordnung (Schriften zum Vergleich von Wirtschaftsordnungen, 38), Stuttgart und New York.

Lenel, Hans Otto (1992), Über den Markt für Unternehmenskontrolle, in: *Helmut Gröner* (Hg.), Der Markt für Unternehmenskontrollen (Schriften des Vereins für Sozialpolitik, 214), S. 9-38.

Leutheusser-Schnarrenberger, Sabine (1995), Im Kräftefeld der Interessen: Das Vollmachtstimmrecht der Banken, in: Der Betrieb, 48. Jg., Heft 47, 2355.

Lingemann, Stefan und *Dirk Wasmann* (1998), Mehr Kontrolle und Transparenz im Aktienrecht: Das KonTraG tritt in Kraft, in: Betriebs-Berater, 53. Jg. Heft 17, S. 853-862.

Linhardt, Hanns. (1958), Wider das Depotstimmrecht der Banken, in: Die Aktiengesellschaft, 3. Jg., Heft 8, S. 169-176.

Lübbert, Harald (1992), Der Markt für Unternehmenskontrollen - Chancen und Risiken für Wettbewerb und Konzentration, in: *Helmut Gröner* (Hg.), Der Markt für Unternehmenskontrollen (Schriften des Vereins für Sozialpolitik, 214), S. 119-140.

Lutter, Marcus (1997), Stellungnahme zur Aktienrechtsreform 1997, in: Die Aktiengesellschaft, Sonderheft August 1997, S. 52-57.

Manne, Henry G. (1965), Mergers and the Market for Corporate Control, in: Journal of Political Economy, Vol. 73, S. 110-120.

Mathis, Peter J. (1992), Mechanismen zur Kontrolle von Managern in großen Kapitalgesellschaften: Eine ökonomische Analyse, Saarbrücken.

Mestmäcker, Ernst-Joachim (1958), Verwaltung, Konzerngewalt und Rechte der Aktionäre, Karlsruhe.

Mestmäcker, Ernst-Joachim (1964), Das Verhältnis der Wirtschaftswissenschaft zur Rechtswissenschaft im Aktienrecht, in: *Ludwig Raiser, Heinz Sauermann* und *Erich Schneider* (Hg.) (1964), Das Verhältnis der Wirtschaftswissenschaft zu Rechtswissenschaft, Soziologie und Statistik (Schriften des Vereins für Socialpolitik, 33), Berlin, S. 103-119.

Möschel (1992), Diskussionsbeitrag, in: *Gröner* (Hg.), Der Markt für Unternehmenskontrollen (Schriften des Vereins für Sozialpolitik, 214), S. 28-29.

Monopolkommission (1988), VII. Hauptgutachten 1986/87: Die Wettbewerbsordnung erweitern, Baden Baden.

Monopolkommission (1994), X. Hauptgutachten 1992/93: Mehr Wettbewerb auf allen Märkten, Baden Baden .

Mülbert, Peter O. (1996), Empfehlen sich gesetzliche Regelungen zur Einschränkung des Einflusses der Kreditinstitute auf Aktiengesellschaften, in: Verhandlungen des Einundsechzigsten deutschen Juristentages, Gutachten E, München.

Münchow, Malte-Maria (1995), Bankenmacht oder Kontrolle durch Banken: Eine institutionenökonomische Analyse der Beziehung zwischen Banken und Unternehmen in Deutschland, Sinzheim.

Nahmer, Robert von der (1958), Aktie und Eigentumsbildung, in: Die Aktiengesellschaft, 3. Jg., Heft 3, S. 49-52.

Neye, Hans-Werner (1996), Der neue Vorschlag der Kommission für eine dreizehnte Richtlinie über Übernahmeangebote, in: Der Betrieb, 49. Jg., Heft 22, S. 1121-1125.

Nick, Andreas (1991), Die Regelung öffentlicher Übernahmeangebote, in: Zeitschrift für Betriebswirtschaft, 61. Jg., Heft 8, S. 859-882.

o. V. (1959a), Neue Stellungnahme zum Referentenentwurf eines Aktiengesetzes, in: Betriebs-Berater, 14. Jg., Heft 17, S. 608.

o. V. (1959b), Stellungnahme der Wirtschaftsprüfer zum Referentenentwurf eines Aktiengesetzes, in: Betriebs-Berater, 14. Jg., Heft 12, S. 427.

o. V. (1959c), Stellungnahmen zum Referentenentwurf eines Aktiengesetzes, in: Betriebs-Berater, 14. Jg., Heft 8, S. 280-281.

o. V. (1960), Weitere Stellungnahmen zur Aktienrechtsreform, in: Betriebs-Berater, 15. Jg., Heft 2, S. 65-66.

o. V. (1995), OECD zum deutschen Aktienmarkt, in: Die Aktiengesellschaft, 40. Jg., Heft 10, S. R 422.

o. V. (1996a), Aktien sind noch kein zusätzliches Bonbon in der Managementvergütung, in: FAZ, Nr. 237 vom 11.10.96, S. 34.

o. V. (1996b), Aktienkultur muß weiter entwickelt werden, in: Handelsblatt, Nr. 216 vom 07.11.96, S. B1.

o. V. (1996c), Aktienrechtsnovelle weitgehend fertig, in: FAZ, Nr. 256 vom 02.11.96, S. 17.

o. V. (1996d), Aktienrückkauf wohl nicht vor 1998, in: FAZ, Nr. 245 vom 21.10.96, S. 29.

o. V. (1996e), Brüderle kritisiert Bonner Vorschlag zur Reform des Aktiengesetzes, in: Handelsblatt, Nr. 219 vom 12.11.96, S. 5.

o. V. (1996f), Deutsche Aufsichtsräte müssen sich weiter öffnen, in: FAZ, Nr. 251 vom 28.10.96, S. 25.

o. V. (1996g), Deutschen Vorstandsgehältern fehlt der Bezug zur Leistung, in: FAZ, Nr. 225 vom 26.09.96, S. 25.

o. V. (1996h), Die Macht deutscher Banken steht zur Diskussion, in: FAZ, Nr. 230 vom 02.10.96, S. 18.

o. V. (1996i), Die Neuordnung bei Daimler-Benz erhält schärfere Konturen, in: FAZ, Nr. 243 vom 18.10.96, S. 24.

o. V. (1996j), Ein Wettbewerb der Kontrollsysteme soll die Aufsicht verbessern, in: FAZ, Nr. 239 vom 14.10.96, S. 21.

o. V. (1996k), Loehr setzt sich für anlegerorientierte Dividendenpolitik ein, in: FAZ, Nr. 238 vom 12.10.96, S. 23.

o. V. (1996l), Niedersachsens Einfluß auf VW wird gestutzt, in: FAZ, Nr. 251 vom 28.10.96, S. 17.

o. V. (1996m), Pläne zum neuen Aktienrecht beflügeln VW und Chemie, in: Handelsblatt, Nr. 209 vom 29.10.96, S. 33.

o. V. (1996n), Schon 1997 soll der Hoechst-Konzern völlig anders aussehen, in: FAZ, Nr. 260 vom 07.11.96, S. 23.

o. V. (1996o), Übernahmekodex schafft ein Stück Aktienkultur in Deutschland, in: FAZ, Nr. 212 vom 11.09.96, S. 31.

o. V. (1996p), Der Aufsichtsrat soll stärker mit dem Prüfer zusammenarbeiten, in: Handelsblatt, Nr. 209 vom 29.10.96, S. 24.

o. V. (1996q), Banken nicht zum Verkauf von Industriebeteiligungen gezwungen, in: FAZ, Nr. 276 vom 26.11.1996, S. 19.

o. V. (1996r), Stimmrechte der Banken begrenzt, in: Handelsblatt, Nr. 230 vom 27.11.1996, S. 6.

o. V. (1999), Die EU-Übernahmerichtlinie steht bereits, in: FAZ, Nr. 274 vom 24.11.1999, S. 23 und S. 26.

OECD (1995), Financial Markets and Corporate Governance, in: OECD Financial Market Trends, No. 62 vom 01.12.95, S. 13-35.

Ordelheide, Dieter (1995), Brauchen wir für die Unternehmensüberwachung mehr Publizität?, in: *Arnold Picot* (Hg.), Corporate Governance, Stuttgart, S. 89-109.

Peltzer, Martin (1996), Die Vertretung der Aktionäre in Hauptversammlungen von Publikumsgesellschaften, in: Die Aktiengesellschaft, 41. Jg., Heft 1, S. 26-32.

Picot, Arnold und *Helmut Dietl* (1993), Neue Institutionenökonomie und Recht, in: *Claus Ott* und *Hans-Bernd Schäfer* (Hg.), Ökonomische Analyse des Unternehmensrechts, Heidelberg, S. 306-330.

Priester, Hans-Joachim (1996), Die kleine AG - ein neuer Star unter den Rechtsformen?, in: Betriebs-Berater, 51. Jg., Heft 7, S. 333-338.

Prowse, Stephen (1995), Corporate Governance in an International Perspective: A Survey of Corporate Control Mechanisms Among Large Firms in the U.S., U.K., Japan and Germany, in: Financial Markets, Institutions and Instruments, Vol. 4, No. 1, S. 1-63.

Rasch, Harold (1958), Die Selbstfinanzierung der Wirtschaft: Ein Beitrag zur Reform des Aktien- und Steuerrechts, in: ORDO, Band 10, S. 225-270.

Rasch, Harold (1960), Richtige und falsche Wege der Aktienrechtsreform, Karlsruhe.

Reinhardt, Rudolf (1959), Aktienrecht und Eigentumsordnung, in: *Samson Benvenito* (Hg.), Aktuelle Probleme aus dem Gesellschaftsrecht und anderen Rechtgebieten (Festschrift für Walter Schmidt), S. 23-38.

Reuter, Dieter (1995), Die wirtschaftliche Mitbestimmung der Arbeitnehmer, in: *Ludwig-Erhard-Stiftung* (Hg.), Wirtschaftsordnung als Aufgabe: Zum 100. Geburtstag von Franz Böhm, Krefeld, S. 71-109.

Richter, Rudolf und *Eirik Furobotn* (1996): Neue Institutionenökonomik: Eine Einführung und kritische Würdigung, Tübingen.

Ridder-Aab, Christa-Maria (1980), Die moderne Aktiengesellschaft im Lichte der Theorie der Eigentumsrechte, Frankfurt am Main, New York.

Röhrich, Martina (1994), Die Wirksamkeit der Managementdisziplinierung über den externen Kontrollmechanismus des Marktes für Unternehmenskontrolle, in: Zeitschrift für Wirtschafts- und Sozialwissenschaften, 114. Jg., Heft 1, S. 81-95.

Schäffer, Fritz (1959), Selbstfinanzierung und Konzernrecht, in: Die Aktiengesellschaft, 4. Jg., Heft 3, S. 57-64.

Schildbach, Thomas (1999a), Rechnungslegung nach US-GAAP: Hoffnung und Wirklichkeit (Teil I), in: Betriebs-Berater, 54. Jg., Heft 7, S. 359-65.

Schildbach, Thomas (1999b), Rechnungslegung nach US-GAAP: Hoffnung und Wirklichkeit (Teil I), in: Betriebs-Berater, 54. Jg., Heft 8, S. 411-415.

Schlecht, Otto (1995), Franz Böhm: Wissenschaftler und Politiker, in: *Ludwig-Erhard-Stiftung* (Hg.), Wirtschaftsordnung als Aufgabe: Zum 100. Geburtstag von Franz Böhm, Krefeld, S. 7-13.

Schmidt, Ingo (1996), Wettbewerbspolitik und Kartellrecht, 5., neu bearbeitete Aufl., Stuttgart.

Schmidt, Reinhard H. (1993), Unternehmensfinanzierung und Kapitalmarkt, in: *Claus Ott* und *Hans-Bernd Schäfer* (Hg.), Ökonomische Analyse des Unternehmensrechts, Heidelberg, S. 170-191.

Schneider, Uwe H. und *Ulrich Burgard* (1996), Transparenz als Instrument der Steuerung des Einflusses der Kreditinstitute auf Aktiengesellschaften, in: Der Betrieb, 49. Jg., Heft 35, S. 1761-1767.

Schranz Mary S. (1993), Takeovers Improve Firm Performance: Evidence from the Banking Industry, in: Journal of Political Economy, Vol. 101, Heft 21, S. 299-336.

Schüller, Alfred (1978), Property Rights, unternehmerische Legitimation und Wirtschaftsordnung, in: *Karl-Ernst Schenk* (Hg.), Ökonomische Verfügungsrechte und Allokationsmechanismen in Wirtschaftssystemen (Schriften des Vereins für Socialpolitik, 97), Berlin, S. 29-88.

Schüller, Alfred (1979), Eigentumsrechte, Unternehmenskontrollen und Wettbewerbsordnung, in: ORDO, Band 30, S. 325-346.

Schüller, Alfred (1997), Der Wettbewerbszusammenhang zwischen Kapital- und Gütermärkten in: *Karl von Delhaes* und *Ulrich Fehl* (Hg.), Dimensionen des Wettbewerbs (Schriften zu Ordnungsfragen der Wirtschaft, 52), Stuttgart, S. 177-216.

Schüller, Alfred (Hg.) (1983), Property Rights und ökonomische Theorie, München.

Schulte, Karl-Werner (1988), Die Publizitätspraxis deutscher Aktiengesellschaften und die Ziele der Aktienrechtsreform von 1965, in: Die Aktiengesellschaft, 33. Jg., Heft 2, S. 41-46.

Smith Adam (1870): An Inquiry into the Nature and Causes of the Wealth of Nations, New Edition, Edingburgh.

SPD (1995), SPD-Entwurf zur Reform eines Aktienrechts, in: Zeitschrift für Wirtschaftsrecht, 16. Jg., Heft 4, S. 332-339.

Stammberger, Wolfgang (1962), Leitlinien der Aktienrechtsreform, in: Betriebs-Berater, 17. Jg., Heft 12, S. 457-462.

Strauß, Walter (1959a), Die Rechtstellung des Aktionärs, in: *Rechts- und Staatswissenschaftliche Fakultät der Universität Marburg* (Hg.), Marburger Aussprache zur Aktienrechtsreform, Marburg, S. 15-34.

Strauß, Walter (1959b), Grundlagen und Aufgaben der Aktienrechtsreform, Tübingen.

Stützel, Wolfgang (1962), Gesprächsbeitrag, in: *Carl Hans Barz* u. a. (Hg.), Frankfurter Publizitätsgespräch, Frankfurt am Main, S. 244-252.

Treschner, Karl (1995), Aufsichtsratshaftung zwischen Norm und Wirklichkeit, in: Der Betrieb, 48. Jg., Heft 13, S. 661-665.

Tuchtfeldt, Egon (1978), Artikel „Kapitalmarkt", in: Handbuch der Wirtschaftswissenschaften, Band 8, S. 432-439.

Uldall, Gunnar (1994), Das Ordnungsrecht muß fortentwickelt werden, in: Wirtschaftsdienst, 74. Jg., Heft 7, S. 338-339.

Vallenthin, Wilhelm (1959), Aktienrechtsreform und Kapitalmarkt, in: *Rechts- und Staatswissenschaftliche Fakultät der Universität Marburg* (Hg.), Marburger Aussprache zur Aktienrechtsreform, Marburg, S. 35-52.

Volkmann, Gert und *Brigitte Kronenberg* (1994), Bankenmacht und Aufsichtsrat, in: WSI-Mitteilungen, 47. Jg., Heft 8, S. 481-487.

Wagner, Franz W. (1987), Ausschüttungszwang und Kapitalentzugsrechte als Instrument marktgelenkter Unternehmenskontrolle?, in: *Dieter Schneider* (Hg.), Kapitalmarkt und Finanzierung (Schriften des Vereins für Socialpolitik, 165), Berlin, S. 409-428.

Wagner, Franz W. (1988), Allokative und distributive Wirkungen der Ausschüttungskompetenzen von Hauptversammlung und Verwaltung einer Aktiengesellschaft, in: Zeitschrift für Unternehmens- und Gesellschaftsrecht, 2. Jg., S. 210-239.

Wagner, Franz W. (1996), Der Fall Daimler Benz als Lehrstück betriebswirtschaftlicher Theorie, in: Handelsblatt, Nr. 33, vom 15.02.96.

Walsh, James P. und *James K. Seward* (1990), On the Efficieny of Internal and External Corporate Control Mechanisms, in: Acadamy of Management Review, Vol.15, Heft 3, S. 421-458.

Weimar, Robert und *Jürgen H. Breuer* (1991), International verwendete Strategien der Abwehr feindlicher Übernahmeversuche im Spiegel des deutschen Aktienrechts, in: Betriebs-Berater, 46. Jg., Heft 33, S. 2309-2321.

Wenger, Ekkehard (1992), Universalbankensystem und Depotstimmrecht, in: *Helmut Gröner* (Hg.), Der Markt für Unternehmenskontrollen (Schriften des Vereins für Sozialpolitik, 214), Berlin, S. 73-118.

Wenger, Ekkehard (1995), Markt für Unternehmenskontrolle, in: Handwörterbuch des Bank- und Finanzwesens, 2.Aufl., Stuttgart, S. 1410-1420.

Wenger, Ekkehard (1996), Die Organisation des Aufsichtsrats als Problem der politischen Ökonomie, in: Wirtschaftsdienst, 76. Jg., Heft 4, S. 175-180.

Wenger, Ekkehard (1997), Stellungnahme zur Aktienrechtsreform 1997, in: Die Aktiengesellschaft, Sonderheft August 1997, S. 57-64.

Westermann, Harm P. (1991), Zunkunftsfragen des Aktienrechts, in: *Marcus Lutter* (Hg.), 25 Jahre Aktiengesetz: ein Symposium der Deutschen Schutzvereinigung für Wertpapierbesitz e. V. am 30. Oktober 1990 in Bonn, Düsseldorf, S. 79-121.

Wilhelmi, Hans (1965a), Das neue Aktienrecht, in: Die Aktiengesellschaft, 10. Jg., Heft 6, S. 153-155.

Wilhelmi, Hans (1965b), Das neue Aktienrecht, in: Die Aktiengesellschaft, 10. Jg., Heft 7, S. 187-190.

Wilhelmi, Hans (1965c), Das neue Aktienrecht, in: Die Aktiengesellschaft, 10. Jg., Heft 8, S. 217-220.

Wilhelmi, Hans (1965d), Das neue Aktienrecht, in: Die Aktiengesellschaft, 10. Jg., Heft 9, S. 247-250.

Wilhelmi, Hans (1965e), Das neue Aktienrecht, in: Die Aktiengesellschaft, 10. Jg., Heft 10, S. 277-280.

Wilhelmi, Hans (1965f), Das neue Aktienrecht, in: Die Aktiengesellschaft, 10. Jg., Heft 11, S. 307-310.

Wöhe, Günter (1993), Einführung in die allgemeine Betriebswirtschaftslehre, 18. Überarbeitete und erweiterte Auflage, München.

Woll, Artur (1989), Freiheit durch Ordnung: Die gesellschaftspolitische Leitidee im Denken von Walter Eucken und Friedrich A. von Hayek, in: ORDO, Band 40, S. 88-97.

Zöllner, Wolfgang (1994), Aktienrechtsreform in Permanenz - Was wird aus den Rechten des Aktionärs?, in: Die Aktiengesellschaft, 39. Jg., Heft 8, S. 336-342.

Zöllner, Wolfgang (Hg.) (1995), Kölner Kommentar zum AktG, 2. Aufl., Band 1, Köln, Berlin, Bonn und München.

Zöllner, Wolfgang und *Ulrich Noack,* (1991), One share - one vote?, in: Die Aktiengesellschaft, 36. Jg., Heft 4, S. 117-131.

Studien zur Ordnungsökonomik

Herausgegeben von Alfred Schüller

Lucius&Lucius Verlags GmbH, Stuttgart

(bis Heft Nr. 21: „Arbeitsberichte zu Ordnungsfragen der Wirtschaft)

Nr. 24: Ludger Wößmann, Dynamische Raumwirtschaftstheorie und EU-Regionalpolitik: Zur Ordnungsbedingtheit räumlichen Wirtschaftens, Oktober 1999, ISBN 3-8282-0124-5, 105 S., 29,80 DM.

Nr. 23: Ralf L. Weber †, Währungs- und Finanzkrisen: Lehren für Mittel- und Osteuropa, Oktober 1999, ISBN 3-8282-0112-1, 42 S., 28,00 DM.

Nr. 22: Alfred Schüller und Christian Watrin, Wirtschaftliche Systemforschung und Ordnungspolitik: 40 Jahre Forschungsstelle zum Vergleich wirtschaftlicher Lenkungssysteme der Philipps-Universität Marburg, Oktober 1999, ISBN 3-8282-0111-3, 54 S., 19,80 DM.

Nr. 21: Alfred Schüller (Hrsg.), Kapitalmarktentwicklung und Wirtschaftsordnung, Juli 1997, ISBN 3-930834-04-9, 91 S., 24,80 DM.

Nr. 20: Sandra Hartig, Die westeuropäische Zahlungsunion: Ein Vorbild für Osteuropa?, Mai 1996, ISBN 3-930834-03-0, 76 S., 17,60 DM.

Nr. 19: Reinhard Peterhoff (Hrsg.), Privatwirtschaftliche Initiativen im russischen Transformationsprozeß, November 1995, ISBN 3-930834-02-2, 120 S., 24,80 DM.

Nr. 18: Helmut Leipold (Hrsg.), Ordnungsprobleme Europas: Die Europäische Union zwischen Vertiefung und Erweiterung, November 1994, ISBN 3-930834-01-4, 151 S., 19,80 DM.

Nr. 17: Helmut Leipold (Hrsg.), Ordnungsprobleme der Entwicklungsländer: Das Beispiel Schwarzafrika, Juli 1994, ISBN 3-930834-00-6, 37 S., 9,20 DM.

Nr. 16: Helmut Leipold (Hrsg.), Privatisierungskonzepte im Wandel, Juni 1992, ISBN 3-923647-15-8, 143 S., 19,20 DM. (vergriffen!)

Nr. 15: Zur Transformation von Wirtschaftssystemen: Von der Sozialistischen Planwirtschaft zur Sozialen Marktwirtschaft, Hannelore Hamel zum 60. Geburtstag, Juli 1990, 2. überarbeitete und erweiterte Auflage, Februar 1991, ISBN 3-923647-14-X, 192 S., 19,80 DM. (vergriffen!)

Nr. 14: Hannelore Hamel (Hrsg.), Soziale Marktwirtschaft: Zum Verständnis ihrer Ordnungs- und Funktionsprinzipien, April 1990, ISBN 3-923647-13-1, 57 S., 7,60 DM.

Nr. 13: Heinz Lampert, Theorie und Praxis der Sozialpolitik in der DDR, August 1989, ISBN 3-923647-12-3, 32 S., 6,90 DM. (vergriffen!)

Nr. 12: Hannelore Hamel und Helmut Leipold, Perestrojka und NÖS: Funktionsprobleme der sowjetischen Wirtschaftsreform und die Erfahrungen der DDR in den sechziger Jahren, Juni 1989, ISBN 3-923647-11-5, 63 S., 8,80 DM. (vergriffen!)

Nr. 11: Ordnungstheorie: Methodologische und institutionentheoretische Entwicklungstendenzen, September 1987, ISBN 3-923647-10-7, 168 S., 12,80 DM.

Nr. 10: Hannelore Hamel und Helmut Leipold, Wirtschaftsreformen in der DDR - Ursachen und Wirkungen, Januar 1987, ISBN 3-923647-09-3, 43 S., 7,40 DM.

Nr. 9: Alexander Barthel, Zum Problem der Unternehmenshaftung in der DDR, September 1986, ISBN 3-923647-08-5, 67 S., 8,90 DM.

Nr. 8: Unternehmensverhalten und Beschäftigung, mit Beiträgen von Volker Beuthien u.a., Juni 1985, ISBN 3-923647-07-7, 80 S., 9,00 DM.

Nr. 7: Alfred Schüller und Hans-Günter Krüsselberg (Hrsg.), Grundbegriffe zur Ordnungstheorie und Politischen Ökonomik, 4. Aufl., April 1998, ISBN 3-923647-06-9, 172 S., 15,40 DM.

Nr. 6: Alfred Schüller und Hannelore Hamel, Zur Mitgliedschaft sozialistischer Länder im Internationalen Währungsfonds (IWF), Oktober 1984, ISBN 3-923647-05-0, 25 S., 6,30 DM.

Nr. 5: Béla Csikós-Nagy, Liquiditätsprobleme und die Konsolidierung der ungarischen Wirtschaft, September 1983, ISBN 3-923647-04-2, 19 S., 4,20 DM.

Nr. 4: Karl von Delhaes, Zur Diskussion über die Funktion der Preise im Sozialismus, Januar 1983, ISBN 3-923647-07-4, 27 S., 4,20 DM.

Nr. 3: Hannelore Hamel, Helmut Leipold und Reinhard Peterhoff, Zur Reform der polnischen Unternehmensverfassung, Mai 1982, ISBN 3-923647-02-6, 68 S., 7,20 DM.

Nr. 2: Alfred Schüller, Produktionsspezialisierung als Mittel der Integrationspolitik im RGW, Oktober 1981, Nachdruck 1986, ISBN 3-923647-01-8, 46 S., 6,40 DM.

Nr. 1: Karl von Delhaes und Reinhard Peterhoff, Zur Reform der polnischen Wirtschaftsordnung, Juli 1981, Nachdruck 1985, ISBN 3-923647-00-X, 152 S., 10,50 DM.

In russischer Sprache:

Nr. 7RUS: Soziale Marktwirtschaft: Verständnis und Konzeptionen in russischer Sprache, 130 S., DM 18,50

Studien zur Ordnungsökonomik, Verlag Lucius & Lucius, Stuttgart

Ab Nr. 22 zu beziehen über den Buchhandel

Arbeitsberichte Nr. 1 – 21 und 7rus

zu beziehen über:  Marburger Gesellschaft für Ordnungsfragen der Wirtschaft e.V.

Barfüßertor 2 · D-35037 Marburg ·
Tel.: (06421) 28-23928 · 28-23196 · Fax (06421) 28-28974
Internet: http://www.wiwi.uni-marburg.de/lokal/witheo2/fost/liste_ab.htm

Schriften zu Ordnungsfragen der Wirtschaft

Lucius&Lucius Verlags-GmbH, Stuttgart - ISSN 1432-9220

Herausgegeben von
Gernot Gutmann, Hannelore Hamel, Klemens Pleyer, Alfred Schüller, H. Jörg Thieme

(bis Band 51: „Schriften zum Vergleich von Wirtschaftsordnungen")

Band 62: *Strätling,* **Die Aktiengesellschaft in Großbritannien im Wandel der Wirtschaftspolitik:** Ein Beitrag zur Pfadabhängigkeit der Unternehmensordnung, 2000, 258 S., 58 DM, ISBN 3-8282-0128-8.

Band 61: *Schittek,* **Ordnungsstrukturen im europäischen Integrationsprozeß:** Ihre Entwicklung bis zum Vertrag von Maastricht, 1999, 409 S., 74 DM, ISBN 3-8282-0108-3.

Band 60: *Engelhard/Geue (Hg.),* **Theorie der Ordnungen:** Lehren für das 21. Jahrhundert, 1999, 369 S., 69 DM, ISBN 3-8282-0107-5.

Band 59: *Brockmeier,* **Wettbewerb und Unternehmertum in der Systemtransformation:** Das Problem des institutionellen Interregnums im Prozeß des Wandels von Wirtschaftssystemen, 1999, 434 S., 74 DM, ISBN 3-8282-0097-4.

Band 58: *Hartwig/Thieme (Hg.),* **Finanzmärkte:** Funktionsweise, Integrationseffekte und ordnungspolitische Konsequenzen, 1999, 556 S., 79 DM, ISBN 3-8282-0094-X.

Band 57: *Cassel (Hg.),* **50 Jahre Soziale Marktwirtschaft:** Ordnungstheoretische Grundlagen, Realisierungsprobleme und Zukunftsperspektiven einer wirtschaftspolitischen Konzeption, 1998, 792 S., 94 DM, ISBN 3-8282-0057-5.

Band 56: *Krüsselberg,* **Ethik, Vermögen und Familie:** Quellen des Wohlstands in einer menschenwürdigen Ordnung, 1997, 348 S., 68 DM, ISBN 3-8282-0055-9.

Band 55: *Geue,* **Evolutionäre Institutionenökonomik:** Ein Beitrag aus der Sicht der österreichischen Schule, 1997, 336 S., 68 DM, ISBN 3-8282-0050-8.

Band 54: *Knorr,* **Umweltschutz, nachhaltige Entwicklung und Freihandel,** 1997, 49 DM, ISBN 3-8282-0035-4.

Band 53: *Paraskewopoulos (Hg.),* **Wirtschaftsordnung und wirtschaftliche Entwicklung,** 1997, 79 DM, ISBN 3-8282-0034-6.

Band 52: *v. Delhaes/Fehl (Hg.),* **Dimensionen des Wettbewerbs,** 1997, 84 DM, ISBN 3-8282-0033-8.

Band 51: *Keilhofer,* **Wirtschaftliche Transformation in der Tschechischen Republik und in der Slowakischen Republik,** 1995, 89 DM, ISBN 3-8282-5398-9.

Band 50: *Wentzel,* **Die Geldordnung in der Transformation,** 1995, 49 DM, ISBN 3-8282-5397-0.

Band 49: *Müller,* **Spontane Ordnungen in der Kreditwirtschaft Rußlands,** 44 DM, ISBN 3-8282-5396-2.

Band 48: *Sitter,* **Perestroika und Innovation,** 1995, 64 DM, ISBN 3-8282-5386-5.

Band 47: *Hamacher,* **Glaubwürdigkeitsprobleme in der Geldpolitik,** 1995, 58 DM, ISBN 3-8282-5385-7.

Band 46: *Weber,* **Außenwirtschaft und Systemtransformation,** 1995, 69 DM, ISBN 3-8282-5384-9.

Band 45: *Gutmann/Wagner (Hg.),* **Ökonomische Erfolge und Mißerfolge der deutschen Vereinigung,** 1994, 74 DM, ISBN 3-8282-5384-9.

Band 44: *Vollmer,* **Arbeitslosigkeit in sozialistischen Planwirtschaften,** 1994, 68 DM.

Bei Fragen zur Produktsicherheit wenden Sie sich bitte an:
If you have any questions regarding product safety,
please contact:

Walter de Gruyter GmbH
Genthiner Straße 13
10785 Berlin
productsafety@degruyterbrill.com